外国文艺理论丛书

审美教育书简

〔德〕席勒 著
冯至 范大灿 译

人民文学出版社
PEOPLE'S LITERATURE PUBLISHING HOUSE

图书在版编目（CIP）数据

审美教育书简/（德）席勒著；冯至，范大灿译. —北京：人民文学出版社，2022

（外国文艺理论丛书）

ISBN 978-7-02-015749-5

Ⅰ.①审… Ⅱ.①席… ②冯… ③范…Ⅲ.①美学理论 Ⅳ.①B83-0

中国版本图书馆 CIP 数据核字（2021）第 271530 号

责任编辑　欧阳韬
装帧设计　黄云香
责任印制　王重艺

出版发行　人民文学出版社
社　　址　北京市朝内大街166号
邮政编码　100705

印　　刷　三河市鑫金马印装有限公司
经　　销　全国新华书店等

字　　数　115千字
开　　本　880毫米×1230毫米　1/32
印　　张　6.375　插页1
印　　数　1—3000
版　　次　2022年1月北京第1版
印　　次　2022年1月第1次印刷

书　　号　978-7-02-015749-5
定　　价　45.00元

如有印装质量问题,请与本社图书销售中心调换。电话:010-65233595

出 版 说 明

"外国文艺理论丛书"的选题为上世纪五十年代末由当时的中国科学院文学研究所组织全国外国文学专家数十人共同研究和制定,所选收的作品,上自古希腊、古罗马和古印度,下至二十世纪初,系各历史时期及流派最具代表性的文艺理论著作,是二十世纪以前文艺理论作品的精华,曾对世界文学的发展产生过重大影响。该丛书曾列入国家"七五""八五"出版计划,受到我国文化界的普遍关注和欢迎。

进入新世纪以来,随着各学科学术研究的深入发展,为满足文艺理论界的迫切需求,人民文学出版社决定对这套丛书的选题进行调整和充实,并将选收作品的下限移至二十世纪末,予以继续出版。

人民文学出版社编辑部
二〇二二年一月

目　次

译本序 …………………………………………… *1*

第一封信 ………………………………………… *1*
第二封信 ………………………………………… *4*
第三封信 ………………………………………… *8*
第四封信 ………………………………………… *12*
第五封信 ………………………………………… *17*
第六封信 ………………………………………… *21*
第七封信 ………………………………………… *32*
第八封信 ………………………………………… *35*
第九封信 ………………………………………… *39*
第十封信 ………………………………………… *46*
第十一封信 ……………………………………… *53*

第十二封信 …………………………………………… 59

第十三封信 …………………………………………… 64

第十四封信 …………………………………………… 70

第十五封信 …………………………………………… 74

第十六封信 …………………………………………… 82

第十七封信 …………………………………………… 86

第十八封信 …………………………………………… 90

第十九封信 …………………………………………… 94

第二十封信 …………………………………………… 102

第二十一封信 ………………………………………… 106

第二十二封信 ………………………………………… 110

第二十三封信 ………………………………………… 117

第二十四封信 ………………………………………… 123

第二十五封信 ………………………………………… 132

第二十六封信 ………………………………………… 138

第二十七封信 ………………………………………… 148

附录

　　论崇高 ……………………………………………… 160

译 本 序

抗日战争时期，我在昆明，接受友人的建议，于一九四二年二月起始翻译席勒的《审美教育书简》。那时我不自量力，既对于与席勒美学思想有密切联系的康德哲学缺乏研究，又没有翻译哲学著作的经验，便拿起笔来译这部书，的确是一件冒昧而近于荒唐的事。翻译前几封信时，还比较顺利，到第十一封信以后，原文越来越枯燥，内容越来越抽象，译时困难丛生，仿佛感到原作者也在为他思考的问题痛苦地绞着脑汁。在技术方面，对于席勒当时运用的术语更不容易找到恰当的译词。又如 Spiel（游戏）、Form（形式）、Schein（假象）等日常惯用的词汇，席勒都赋予更为高深，甚至与一般理解相去甚远的涵义。这些字用通常译法译出，很难表达出它们在《书简》中的重要意义；若另觅译词，又恐发生曲解。虽然遇到许多不容易克服的困难，但是我在教书和写作的余暇、敌机日夜空袭的干扰下，还是在一年内断断续续把二十七封信译完了。译完后，自知这是一件失败的工作，便把译稿放在故纸堆中不敢问世。时过四十年，几经变乱，不少心爱的图书、信札或途中失散，或室内遭灾，而这一束欲弃未能的旧稿却安然无恙，一再在我清理旧物时出现，反而成为我的负担。

范大灿同志研究文艺理论，尤关心德国文学古典时期的美学。他听说我有这部陈旧的译稿，一再向我问及。最后，我在一九八二年怀着一种有丑不能不献的心情，把译稿找出来交给他，请他审校。他收到译稿后，细心校阅，做了不少合理的改动，并附加了详尽的提要和注解，这用去了他一年内大部分的业余时间。由于席勒把美分为"熔解性的美"和"振奋性的美"两种，而在《书简》中只阐述了前者，没有论及后者，范大灿同志又译出了席勒另一篇《论崇高》，作为补充。席勒这部著作的译本得以和关心美学问题的读者见面，主要靠范大灿同志为此付出的大量劳动。回顾我的旧译，只能说是个初稿。这译本标明是我和范大灿同志的合译，是符合实际的。席勒在这二十七封信里的思辨过程，译者在提要和注解里都试行做了说明，这里不另赘述，我只想把席勒写作《书简》的时代、席勒所提出的美的任务以及我们怎样看待《审美教育书简》等问题略作论述和交代。

歌德在一八二九年三月二十四日向他的秘书爱克曼说："我和席勒的结交完全有一些神灵在驱使；我们被引到一起，不早不晚，恰好在那个时期，我早已从意大利旅行回来，而席勒起始对于哲学思辨感到厌倦，这是很有意义的，对我们二人都产生最大的成果。"歌德于一七九四年与席勒订交。从一七九〇年到一七九四年是席勒潜心于哲学思辨的时期,这也正是欧洲各国在法国资产阶级革命爆发后社会各阶层起着不同反应、思想意识发生巨大变化的时代。当时在德国,几乎每个著名的哲学家、文学家的思想变化都或多或少地与法国革命的影响有关。他们注视着革命的进程和发展,对于进步势力与反动势力激烈斗争互相消长的各阶段,常常表示自己的看法和态度。席勒哲学思辨时期最重要的著作之一是《审美教育书简》,这部《书简》的产生也是与席勒对法国革命的看法有着联系的。

席勒是德国文学狂飙突进后期的代表人物。他青年时创作的剧本《强盗》(1781)和《阴谋与爱情》(1784),声讨强暴,抨击封建制度,把统治阶级的阴险狡诈和宫廷中腐化堕落的生活揭露得淋漓尽致;这无异于在当时空气沉闷的德国吹起革命的号角。一七八二年《强盗》在曼海姆首次上演,轰动一时,成为德国戏剧史上一个划时代的盛举,其意义的重大不下于八年前歌德《少年维特之烦恼》的出版。德国由于政治经济落后,革命条件没有成熟,致使狂飙突进运动缺乏社会基础,不可能进一步发展为革命的行动。不进则退,它的声势也就逐渐消沉下去了。席勒也逐渐摆脱了狂飙突进的精神,转向研究历史,随后又钻研康德哲学。一七八七年席勒在剧本《堂·卡洛斯》里宣扬自由和人道主义理想。一七八九年他被聘为耶拿大学有职无薪的历史教授,在就职讲演中热情称赞当代是人类历史发展最重要的一个阶段。一七九一年,他著文评论狂飙突进一个著名诗人毕革尔(Bürger,1747—1794),指责他诗歌里的民歌格调流于庸俗,不能表达人类的崇高思想;这评论在当时引起强烈的反应,实际上也是作者对自己过去的狂飙突进时期进行自我批评。

席勒在耶拿大学就职两个月后,法国爆发了资产阶级革命。革命的对象正是席勒在青年时期深恶痛绝并且深受其害的封建专制。席勒跟德国大部分思想家和诗人一样,对法国革命表示欢迎,希望"理性的王国"从此可以实现,他密切注意革命形势的发展和演变。但是对于革命过程中革命势力与反动势力的反复较量与残酷斗争,以及雅各宾派专政时的恐怖行动,席勒难以理解,认为这情形距离他设想的"理性的王国"实在太远了。当一七九二年新生的法兰西共和国国民会议把《强盗》的作者作为革命诗人推选为法国的名誉公民时,他对于法国革命已经从希望转变为失望了。

席勒过去的历史观认为人类从古以来是不断进步、不断上升的,他所处的时代,正如他在耶拿大学就职讲演中所说的,是最值得赞颂的时代。这是十八世纪启蒙时期的思想。康德在《回答问题:什么是启蒙?》(1784)一文中指出,人的历史是从自然状态向精神与理性时代演进的历史。但理性的时代是在遥远的将来。在这长远的路途中,当代(即启蒙时期)正处在人类结束自然历史、开始精神历史的转折点上,因为在启蒙时期人正意识到自己的处境和职责,使理性成为指导一切的原则。席勒接受了康德的观点,也认为人类发展的道路是从被感性支配的自然状态走向精神能控制物质的理性状态,人从自然人变为理性人;而当代是历史上最重要的一个时期。但由于对法国革命的失望,他放弃了对于当代的乐观看法,在这一点上跟康德也就有了分歧了。

他怎样看他的时代呢?他在《审美教育书简》的前十封信,尤其在第五封信里对于时代的缺陷做了生动的描绘和批判。他说,上层统治阶级的生活是腐朽专横,下层社会是粗野暴戾。腐朽专横是席勒早已见识过的,至于粗野暴戾则是从法国革命得出的误解的论断。这时据席勒看来,他的时代并不能说是人的自然状态的结束与理性状态的开始,在这一方面腐朽、一方面粗野的社会,人还不能直接从自然人走向理性人,若要达到理性状态,首先要让人恢复健康,具有美的心灵,为此,席勒在《审美教育书简》里开出了他的"济世良方"。

席勒在一七九一年生活困苦,身患肺病,外边甚至一度谣传:他已在贫病中死去。丹麦奥古斯腾堡(Augustenburg)公爵和史梅尔曼(Schimmelmann)伯爵从这年十二月起,每年资助席勒一千塔勒银币,以三年为限。席勒为了报答奥古斯腾堡公爵对他的帮助,从一七九三年二月起,把他近年来对于美学的探讨用书信的方式报告给丹麦的公爵。次年二月,哥本哈根大火,前十封信在火中焚毁,席勒又根据自己留存的提纲重新撰写,共写出二十七封,于一七九五年在他创办的《时季女神》杂志上陆续发表。书信与论文不同,论文一般只写研究的成果,书信则陈述了作者从开端到结论的思辨过程。

席勒分析当时的社会是上层腐朽,下层粗野,并指出腐朽比粗野对于人类进步有更多的危害性。他认为他那时代的人也是分裂的,而古希腊的人则是完整的人。分裂的人有两种冲动,那是感性冲动即物质冲动和理性冲动即形式冲动。关于两种冲动的存在,是当时德国文学和哲学里经常谈论的问题,在歌德《浮士德·城门之前》一幕中浮士德向他的学生瓦格那说:

> 你只知道有一个冲动,
> 啊,另一个你却全然无知!
> 有两个灵魂住在我的胸中,
> 这一个要跟那一个分离;
> 一个沉溺于粗俗的爱欲,
> 以执着的官能迷恋人间;
> 另一个强烈地超脱尘寰,
> 奔向那往圣先贤的领域。

歌德这几行著名的诗句表达了两种冲动互相矛盾,难以调和。席勒在《审美教育书简》里反复论述这两种冲动的特点:感性冲动的对象是生活,它要占有,要享受,被官能所控制,是被动的,处于这种状态的人是自然人;理性冲动的对象是形象,它要的是秩序和法则,受思想和意志的支配,是主动的,处于这种状态的人是理性人。但是这两种冲动各自都有强迫性,不能直接结合。若要使这两种冲动得以结合,人从自然人走向理性人,中间必须架起一座桥梁,这桥梁是审美教育,让艺术充当使人恢复健康、具有美的心灵和人性的教师。而艺术的起源则由于人在这两种冲动之外还有另一种冲动,即游戏冲动。游戏冲动不受任何方面的约束,它也不带有强迫性。"游戏"一词可以说是自由的同义词,席勒认为,人在自由中才是全人,不是分裂的人。他在第十五封信里说:"只有当人是完全意义上的人,他才游戏;只有当人游戏时,他也才完全是人。"游戏冲动既能驾驭(感性冲动的对象)生活,从生活中取得素材,也能创造(理性冲动的对象)形象,用形象体现精神,因而它的对象是"活的形象"。这"活的形象"也就是艺术的本质。"活的形象"把感性与理性、被动与主动、物质与形式、变化与规律等等对立面都给结合起来了,成为从感性状态到理性状态、从物质到形式的桥梁。审美教育通过既有生活又有形象的艺术培养人的美的心灵和健全的人性,然后才能克服当前社会的腐朽与粗野,以及现代人的分裂现象,为将来全人类的和谐作准备。

　　如上所述,游戏冲动所创造的"活的形象"是在物质冲动即感性冲动与形式冲动即理性冲动之间起着桥梁作用。但是,随着席勒越深入探讨这处在中间地位的"桥梁",这"桥梁"的中间性就越为减少,它的独立性就越为增强。他甚至说,游戏冲动是人的本性,具有永恒的价值。这样,手段就成为目的了。

席勒看到时代的弊病,提出改变现状的方案,他不着眼于政治经济的改革,只求人性人心的改善,这是历史唯心主义者带有普遍性的主张。梅林(F. Mehring)在一九〇五年为德国工人写的《席勒评传》里说:"席勒的审美书简暴露了我国古典文学的秘密,它们明显地足以证实,为什么十八世纪德国资产阶级的解放斗争必须在艺术的领域里开展。但是它在试行从审美走向政治自由的道路时,却不言而喻地落了空。席勒在第十封信里已经承认,经验也许不是法官席,一个像这样的问题要由它来审判,而且他越深入于他思想丰富的研究,他越是把手段变为目的。"梅林从第二十七封信里引用了关于"审美假象的王国"一段话后,他紧接着说:"最后席勒回答了这个问题,一个这样的美的假象国度是否存在,能够在什么地方找到,他说,按照需要它生存在每个幽静的心灵里,但它实际上也像是纯净的教会和纯净的共和国,只能在几个少数精选的团体里找到。这审美哲学的唯心主义自己就宣示为一种游戏,精选的卓越人士用这游戏给他们牢狱悲惨的四壁镀金,如今对饥饿的大众是一种嘲弄,若是有人期望他们只是'在自由的可爱的虚幻里'摆脱他们的枷锁。"

马克思主义者梅林用历史唯物主义观点批评席勒唯心主义的美学思想,是完全正确的。但席勒在当时的德国提倡审美教育,对于促进德国文化的发展,提高审美趣味,是有积极意义的,并且对于西方十九世纪的美学研究也产生过相当重要的影响。本世纪,中国在"五四"运动以前,政治腐败,社会黑暗,苦难中的人民望不见曙光,民主主义教育家蔡元培有鉴于此,也曾吸取席勒的学说,规定美育是教育宗旨中不可缺少的一部分,后来又提出以美育代宗教的主张。蔡元培的这些意见,其动机与席勒不无相同之处,其效果在当时也是落空的,这和梅林批评《审美教育书简》时所说的情况是很类似的。可是在我们社会主义的今天,若是把席勒唯心主义美学的思想根源抛开,仅就艺术的功能和艺术家的职责而论,席勒的这部著作还是有借鉴和参考的价值的。

冯　至

一九八四年三月二十八日　北京

第 一 封 信

蒙您惠允,现把我关于美与艺术的研究结果写成一套书信呈献给您①。我深深感到这项工作的重要,但也感到它的魅力和庄严。我要谈的对象,同我们幸福生活中最好的部分有直接的联系②,同人的天性中道德的高尚也不相违背。我将在一个感受到并且实施着美的全部权力的慧心人面前探讨美的事物,而且在研究时一旦遇上既必须根据感觉又必须根据原则的地方,将由它来承担我工作中最艰难的部分。

我原想向您祈求一点恩惠,而您却仁慈地把它当作我分内的事;我做这事,不过是从心所好,而您却把它看作好像是我的一个

---

① 席勒于1793年到1794年初把他研究美学的心得写成书信,寄给曾在他困难时期给予他慷慨帮助的丹麦奥古斯滕堡公爵。1794年2月哥本哈根宫邸失火,所有的信均不幸被焚。幸好曾有人传抄,前七封的手抄本被后人发现。应奥古斯滕堡公爵的要求,席勒于1794年9月到1795年中根据草稿重新整理这套书信,但在这过程中对原稿作了较大修改,并于1795年在他创办的《时季女神》杂志上分三次发表,成为完整的美学论著,与收信人无多大关系。1801年这套书信收入《短小的散文集》第三部分,只删节了个别段落和个别注脚,现在通行的《审美教育书简》就是根据这个版本。

② 席勒认为,通过美的享受可以满足人最纯正的爱好,使人得到"至乐"。

功绩。您给我规定的行动自由,对我来说不是一种强制,反而是一种需要。我素来缺乏运用正规形式的训练,因而也就不至于有由于误用这些形式而损害良好趣味的危险。我的思想主要是来自与自己内心单纯的商略,而不是主要来自丰富的世界经验或者读书的收获。我不否认我这些思想有它们的渊源,但我宁肯犯任何别的错误也不犯门户之见,宁肯因为这些思想自身的弱点而失败也不用权威和别人的势力来支撑它们。

诚然,我不愿向您隐瞒,下边的看法大多是以康德的原则为依据;但是,在研究过程中,如果使您联想到任何另外的哲学学派,请您把这归之于我的无能,不要归诸康德的原则。是的,您的精神自由,对我来说,是不可侵犯的。您自己的感觉所提供的事实,就是我所根据的事实,您自己的自由的思维力所规定的法则,就是我研究时应当遵循的法则。①

关于在康德体系的实践部分②居支配地位的那些思想,只在哲学家当中有不同的看法,而一般人的意见——我自信能够证明——从来就是一致的。如果把这些思想从它们的专门术语中解

---

① 这个研究所顾及的,不是任何特定的哲学学派,而只是未受任何哲学学派影响的读者的自由的思维能力。
② 康德写了三大"批判",亦即他的体系的三个组成部分:《纯粹理性批判》,主要内容是认识论;《实践理性批判》,主要内容是伦理学;《判断力批判》,主要内容是美学。这里所说的"实践部分",即指伦理学。

脱出来,它们就成为一般理性的至理名言与道德本能①的事实;而道德本能是智慧的自然为监护人类而设置的,直到人类有了明彻的认识而变得成熟为止。但是,正是这种专门的术语使真理在知性面前显现,又在感觉面前把真理隐藏。因为,遗憾的是,如果知性想要把握内感的对象②,就必须先破坏这个对象。正如化学家一样,哲学家也只有通过分解才得到化合,只有通过人为的折磨才能获得顺从的自然的产物。为了捉住瞬息万变的现象,哲学家不得不给现象套上规则的羁绊,把它们美丽的躯体分割成概念,用贫乏的文字框架来保存它们那活生生的精神。这难道还值得奇怪,假使自然的感觉在这样一个摹写中不再能看到自己,假使真理在化学分析家的报告中成了自相矛盾的断言?

因此,如果下面的研究为使它的对象与知性相接近而使它的对象离开了感官,那就请您对我多少表示一点宽恕。前面谈到道德经验时所适用的一切,必然在更高的程度上也适用于美的现象。美的整个魔力是建立在它的神秘性的基础之上,通过魔力的各个因素的必然结合,魔力的本质也就随之被扬弃③。

---

① 即直接的本能的道德感。
② "内感的对象"(Objekt des inneren Sinnes),是通过观照就可意识到的内心活动,如道德要求等。
③ 这句话十分晦涩,大意谓:美的效果看来像魔力一样是作用于人的感官而产生的,但它的各个因素必然地要结合在一起,而这时它那魔力的本质就随之消失。换句话说,美看来与感官的感觉有关,但要把握它的本质就必须通过知性的分析,而不能靠直接的感觉。

第二封信

　　我利用您给予我的自由,提醒您注意美的艺术这个舞台,除此之外,对这一自由难道还有更好的运用吗? 当今,道德世界的事务有着更切身的利害关系,时代的状态迫切地要求哲学精神探讨所有艺术作品①中最完美的作品,即研究如何建立真正的政治自由。在这种情况下,为审美世界寻找一部法典,是不是至少说有点不合时宜呢?

　　我不想生活在另一个世纪,也不想为另一个世纪而工作。人是时代的公民,正如他是国家的公民一样。人生活在社会②之中,因而置身于社会的道德与习俗之外是不适宜的,甚至是不允许的。既然如此,人在选择他的事业时要符合时代的需要和风尚,为什么

---

① 这里所说的"艺术作品"(Kunstwerk),是与"自然作品"(Naturwerk)相对立的概念,系指由人创造的,非自然产生的一切,其中最完善的就是自由的国家政权组织。因此"艺术"这个概念在十八世纪有极为广泛的意义;如果专指现在所说的"艺术",通常前面要加一个形容词"美的"(schön),即"美的艺术",因为狭义的艺术与美是分不开的。

② 原文是 der Zirkel,本意是"团体",但这里是引申的意义,故亦可译成"社会"。

不应是他的义务呢?

但是,这种符合看来对艺术毫无好处,至少对我正在研究的那种艺术没有好处。事变的运行给时代的天才一个方向,它迫使他越来越远离理想的艺术①。这种理想的艺术必须脱开现实,必须堂堂正正地大胆超越需要;因为,艺术是自由的女儿,她只能从精神的必然,而不能从物质的最低需求接受规条。可是,如今是需要支配一切,沉沦的人类都降服于它那强暴的轭下。有用是这个时代崇拜的大偶像,一切力量都要侍奉它,一切才智都尊崇它。在这架粗糙的天秤上,艺术的精神功绩没有分量,艺术失却了任何鼓舞的力量,在这个时代的喧嚣市场上艺术正在消失。甚至哲学的研究精神也一点一点地被夺走了想象力,科学的界限越扩张,艺术的界限就越狭窄②。

哲学家和通达人士,都满怀期望地把他们的目光贯注在政治舞台上,人们认为,人类的伟大命运如今正在那里审理。不参加这个共同的谈话,不就暴露了对社会幸福的一种应该受到责难的冷漠态度吗? 这个大案件,因为它的内容和结果,对每个自命为人的人都有非常密切的关系,因而如何审理它的方式就必然引起每个有独立思考能力人的特别关注。一个往日只是由强者无节度的权

---

① 席勒认为,艺术是理想的表现,而不是消遣或说教等等。
② 迄今为止靠人的想象力所表达的许多现象,已由科学加以说明,因而也就失去了神秘性和神奇的魔力,而艺术正是靠它们而起作用的。

利所解答的问题①,如今看来已被提到纯理性的法庭。不管是谁,只要他能够置身于整体的中心并能把他的个体提高到类属②的地步,他就可以自视为理性法庭的陪审官,同时他既以个人和世界公民的身份又以诉讼当事人的身份,看到自己同这一案件的结果或深或浅地纠缠在一起。所以,在这一大案件中所要决断的事情,就不仅仅是他自己的事情;而且还应该按照他以理性精神的身份能够并且有权亲自制定的法律来判决。

我要是能同一个既是多才多智的思想家同时又是有自由思想的世界公民在一起来探讨这样一个对象,我要是能同一个怀着美好的热情献身于人类幸福的有感情的人一起做出判决,那对于我将会有多么大的吸引力!我们的地位如此悬殊,在现实世界中不同的处境必然造成我们之间的巨大差距,但尽管如此,如若我在观念领域所得的结果能与您毫无成见的精神不谋而合,那该是多么令人惊喜!可是,我违抗这迷人的诱惑并让美在自由之前先行。我相信这不仅可以以我的爱好为理由求得谅解,而且可以用原则来辨明。我希望能使您相信,这题目同时代需要的密切程度并不亚于同时代趣味的密切程度;人们在经验中要解决的政治问题必

---

① 即国家政权问题。
② "个体"(Individuum)与"类属"(Gattung)是一对相关的概念,前者指个人,后者指所有的人,即人类。

须假道美学问题,因为正是通过美人们才可以走向自由。不过,要证明这一点,尚须先使您想起理性在制定政治法则时所遵循的那些原则。

第 三 封 信

　　自然始创人类并不比始创它的其他产品更好些:在人还不能用自由的灵智①自己行动时,它就替人行动。但是,人成其为人,正是因为他没有停滞在纯自然造成他的那种样子,他具有这样的能力,可以通过理性回头再走先前自然带他走过的路,可以把强制的产物改造成为他自由选择的产物,可以把物质的必然升化成道德的②必然。

　　人从感官的轻睡中苏醒过来,认识到自己是人,环顾四周,发现自己已在国家之中。在他还未能自由选择这个地位之前,强制就按照纯自然法则③来安排他。但是,这个强制国家仅仅是由自然的规定而产生的,而且也仅仅是根据这一自然的规定而计划的。人是有道德性的,因而他过去和现在都不会满足于这个强制国家——倘若他能满足,那他就糟了! 于是,他就以他所以成为人的

---

① 在初稿中用的是"自决"(Spontaneität)。
② "道德的"(moralisch)这个词含有"精神的"意思。
③ 即人的自然需要及以强凌弱等等法则。

同一权利离开盲目自然的支配，正如他在许多别的方面由于他有自由而脱离这个支配一样，也正如——只举一例——用伦理来消除、用美来净化由于性爱的需要而加上的猥亵性质一样。因此，人在他的成年期，就以人为的①方式补做他童年期该做的事，在观念中形成一个自然状态②，这种自然状态虽不是经验所给，但必然要通过人的理性规定来假设。在这个理想状态中，人借用了他在实际的自然状态中未曾有过的最终目标，还借用了他当时力所不能有的选择。于是，他的做法只好这样，好像他是从头开始，好像他是出于明彻的认识和自由的选择把独立地位换成了契约地位③。不管盲目的任意性把它的"作品"建造得多么精巧和牢固，不管它如何蛮横地维护它的"作品"，也不管这个"作品"的外表多么庄重——不管怎样，人在这样做的时候都可以把这个"作品"看作根本就没有产生。这是因为，各种盲目力的"作品"并不具有自由须在它面前屈膝的权威，并且一切都必须服从理性在人的人格性中提出的至高无上的最终目标。一个已经成年的民族要把它的自然国家改组成为伦理国家的尝试，就是这样产生的，并以这样的方式证明这一尝试是合理的。

---

① 即非自然的，也就是说，是通过理性的，而不是发生在经验之中的。
② 席勒这里所说的"自然状态"，是一种理想的自然状态，而不是实际的自然状态，它只是人的想象，而不是实际的存在。这与卢梭的看法不同，卢梭所说的自然状态是现实的再现。
③ 在自然国家中人都是独立的，只有在按照理性原则建立的国家中人与人之间才有了关系，而这些关系的准则就是共同商定的契约。

不错,这个自然国家(正如任何政治团体一样,它的创立源于力,而不是源于法则)与道德的人是相违背的,因为充作这种人的法则应具有完全的合法性;但是,这个自然国家对物质的人来说却正好合宜,因为这个人给自己制定法则只是为了与力相适应。而且,物质的人是现实的,而伦理的人只是推论的。因此,倘若理性要废弃自然国家——因为要想代之以理性国家,就必须这样做——那么,它就得为了推论的伦理的人而牺牲现实的物质的人,就得为了一个仅仅是可能的(纵使从道德上看必然的)社会的理想而牺牲社会的存在。理性从人身上夺走的是人实际占有的,没有了这些他就一无所有;为了补偿,理性给人指出的是人可能和应该占有的。假使理性对人期望过殷,那么,为了人能有人性(人还缺乏人性,但缺乏人性无伤人的存在),它就甚至会夺走人获得兽性的手段,而兽性又是人性的条件。这样,人还没有来得及用自己意志握紧法则,理性就已经从人的脚下把自然的梯子撤走。

因此,需要特别注意的是,当道德社会在观念中正在形成的时候,绝不可让物质社会在时间上有片刻停顿,绝不可为了人的尊严而使人的生存陷入险境。一个能工巧匠修理钟表时总是先让齿轮走完再让钟表停下来,而修理国家这架活的钟表则必须让它走动,这就是说,必须是在钟表转动的情况下来更换转动着的齿轮。因此,为了使社会继续运行,就必须找到一根支柱,它能使社会同人们要解散的自然国家脱离关系。

这根支柱不在人的自然性格之中,这种性格自私而暴虐,它的锋芒所向不是维护而是破坏社会;这根支柱同样也不在人的伦理性格之中,这种性格是根据假设而形成的,而且因为它是自由的,它从未显现过①,所以立法者就无法支配它,也无法有把握地指望它。所以,重要的是,要从物质性格中区分出任意性,要从道德性格中区分出自由,重要的是,使前者同法则相一致,使后者同印象相联系,重要的是,使前者离物质再远一些,使后者离物质再近一些,从而造出第三种性格②。这种性格和那两种都有连带关系,它开辟了从纯粹是力的支配过渡到法则支配的道路,它不会妨碍道德性格的发展,反倒会为目所不能见的伦理性提供一种感性的保证。

---

① 因为它与一切外在的作用都毫无关系,因而从不在感性的现象中出现。
② 即美的性格。

第四封信

　　这是确凿不移的,只有这样的性格①在一个民族中得势,国家按照道德原则转变才不会产生危害,也只有这样的性格才能保证这一转变的延续。道德国家的建立靠的是伦理法则这样一种作用力,自由意志必须纳入原因的范围,在那里一切都得与严格的必然性和恒定性相联系。但是,我们知道,人的意志所做的规定永远是偶然的,只有在绝对存在②那里物质的必然与道德的必然才是吻合的。因此,倘若指望人的伦理行为就像是自然的成果一样,那么,这种行为就必须是自然;如果仅仅是伦理性格就能产生这样的结果,那么,人就应该是通过他的冲动产生这样的行动方式③。但是,人的意志在义务和爱好之间是完全自由的,任何物质的强制既

---

① 即第三封信中提到的物质性格和道德性格以外的第三种性格。
② 即上帝。
③ 这句话比较费解,大意谓:受道德原则支配的行为与由自然(如冲动)所引起的行为是不一致的,甚至是矛盾的。因此,如果要使伦理行为像自然行为一样,那么,这种伦理行为本身就应该是自然,就是说,自然的冲动能引起一种符合道德原则的行为。

不能也不可干预人的这种个人的主权。倘若人要保持这种选择的功能,而且在各种力的因果联系中他仍然是一个可靠的环节,那就只能由此而实现:那两种动机①所产生的效果在现象世界中是完全相同的,他所欲求的物质总是同一的,尽管形式极不相同;也就是说,他的冲动与他的理性是完全一致的,因而能做到普遍的立法②。

每个个人——可以这样说——按其天禀和规定在自己心中都有一个纯粹的、理想的人,他生活的伟大任务,就是在他各种各样的变换之中同这个理想人的永不改变的一体性保持一致③。这个在任何一个主体中都能或明或暗地看得到的纯粹的人,是由国家所代表,而国家竭力以客观的、可以说是标准的形式把各个主体的多样性统一成一体。这样,就有两种可能的方式使时代的人与观念的人相遇合,因而国家在众多的个体中如何保持自己的地位也有两种方式:若不是纯粹的人制服经验的人,国家消除个体,就是个体变成国家,时代的人净化成观念的人。

在片面的道德评价中,这种区分固然可以忽略不计,因为只要

---

① 即义务(Pflicht)和爱好(Neigung),前者属于道德范畴,后者属于自然范畴。
② 这里根据的是康德关于"绝对命令"的观点。康德在《实践理性批判》,第1部,第1篇,第1章,第7节中说:"应这样做,你的意志的准则(即你个人的道德原则)随时都能同时充作普遍立法的原则。"
③ 这里我要提到我的朋友费希特不久前出版的一部著作《关于学者天职的讲演录》。在这本书里,他对这一原则做了非常明了的、在这条道路上从未尝试过的推论。〔译者按:此书于1794年出版,费希特在第1讲中提出,人当作自我目的必须永远与他自己相一致。〕——原作者注

理性的法则无条件地生效,理性就满足了;但在完全的人类学的评价中①,这种区分就更得予以考虑,因为在那里内容与形式同样重要,同时活生生的感觉也有一份发言权。理性要求一体性,而自然要求多样性②,这两个"立法机构"人都得应付。人铭记理性的法则是由于有不受诱惑的意识,人铭记自然的法则是由于有不可泯灭的情感。因此,倘若伦理性格只靠牺牲自然性格来保持自己的地位,那就证明还缺乏教化;倘若一部国家宪法只有通过泯灭多样性才能促成一体性,那样的宪法就还是非常不完善的。国家不应只尊重个体中那些客观的和类属的性格,还应尊重他们主观的和特殊的性格;国家在扩大目不能见的伦理王国的同时,不应使现象王国变得荒无人迹。

一个机械的艺术家③拿起一块未成形的材料进行加工使之具有符合他自己目的的形式时,他毫不踌躇地随心所欲对待这个材料,因为他所加工的自然本身就不值得尊重,而且他并不是为了部分才觉得整体有意义,而是为了整体才觉得部分有意义。一个美的艺术家④拿起同样的原料,也是毫不踌躇地随心所欲对待它,只不过他避免表露这种随心所欲而已。同机械的艺术家相比,他对

---

① 这种评价既顾及人的精神一方也顾及到人的感性一方,因而是全面的。
② 理性原则针对的是人的整体,即人类,而自然原则是针对具体的、特定的人,即个人。
③ 即我们所说的工匠。
④ 即我们通常所说的艺术家。

于他所加工原料的尊重一点儿也不多;不过,因为有人庇护这一材料的自由,为了迷惑他们的眼睛,他就对材料表示一种表面的宽容。但是,从事教育和政治的艺术家①就完全不同了,他把人既当作他的材料又当作他的任务。这里,目的又回到了原料本身,部分之所以要服从整体,是因为整体为部分服务。国家艺术家必须怀着完全不同于美的艺术家对其材料所表示的那种尊敬心情来接近他的材料,他必须爱护他的材料的特性和人格,而且这种爱护不仅仅是主观的,为了在感官中引起一种迷惑人的效果,而且是客观的,为了内在的本质。

但是,正因为国家应是为了自己并通过自己而形成的一个组织,所以只有当着部分向上谐合成整体的观念时,它才能是现实的。国家代表了公民胸中的纯粹的和客观的人性,因而他对公民的关系就应是公民对他自己的那种关系,它对公民主观人性的尊重程度也只能以其向客观人性净化的程度为准。因此,假使内在的人与他自己相一致,那么,即使他的行为达到了最高的普遍程度,他也能保持住他自己的特性,国家也只是他美的本能的解释者,是他内在立法的一种更为明显的形式。反之,假使在一个民族的性格里主观的人和客观的人还是水火不相容的,以致只有压服主观的人才能使客观的人获胜,那么,国家对公民也就严厉地绳之

---

① 即政治家。

以法,并且为了不致成为个体的牺牲品,国家必须毫无顾及地践踏这如此敌对的个体。

但是,人可以以两种方式使自己处于对立的状态①:不是他的感觉支配了原则,成为野人,就是他的原则摧毁了他的感觉,成为蛮人。野人蔑视艺术②,视自然为他的绝对主宰;蛮人嘲笑和谤渎自然,但他比野人更可鄙,他总是一再成为他的奴隶的奴隶。有教养的人把自然当作自己的朋友,尊重它的自由,只是约束它的任意性。

因此,如若理性要把它的道德一体性带入物质社会,它也不可损伤自然的多样性;如若自然要在社会的道德结构中保持自己的多样性,它也不可因此而破坏道德的一体性。胜利的形式同单调和纷乱都毫不相干。因此,只有在有能力和有资格把强制国家变换成自由国家的民族里才能找到性格的完整性。

---

① 即客观的人和主观的人的对立,或曰纯理性的人和纯自然的人的对立,也就是观念的人即理想的人和时代的人即经验的人的对立。
② 这里指的是非自然的东西,如道德原则等。

第五封信

当今的时代和眼前的种种事变展示给我们的就是这样一种性格吗？现在我就转而看一下这幅宏伟图画里最引人注目的对象。

的确，偏见①的威望倒了，专制揭开了假面具，它虽然还有势力，可是再也不能诈取尊严。人从长期的麻木不仁和自我欺骗中苏醒过来，人的大多数都一致严正地要求恢复人不可丧失的权利。但是，他不只是要求，他还处处挺身而起，要用暴力夺取他认为无理地拒不给予他的东西。自然国家的大厦摇摇欲坠，它枯朽的基础正在崩溃；好像已经有了物质的可能性，法则可以登上宝座，人最终可以作为自我目的受到尊重，真正的自由可以成为政治结合的基础。这是徒劳的美梦！现在还缺少道德的可能性，一个肯于慷慨施与的时机遇到了感觉迟钝的一代人。

人是用自己的事业为自己画像的，那么，在现代这场戏里画出

---

① die Meinung 一词，这里系指未经检验的流行看法，故译"偏见"或"成见"较妥，似不宜译为"舆论"。

的是些什么样的形象！不是粗野,就是懒散,这是人类堕落的两个极端,而这两者却汇集在同一个时代里！

在为数众多的下层阶级,我们看到的是粗野的,无法无天的冲动,在市民秩序的约束解除之后这些冲动摆脱了羁绊,以无法控制的狂暴急于得到兽性的满足。这就可能出现这样的情况,客观的人性有理由抱怨国家,而主观的人性必须尊重国家的种种措施。因此,既然国家还必须维护人的生存,那么,它忽略了人的天性的尊严①,这有什么可责怪的呢？国家忙于通过引力而分,通过聚合力而合,因而不可能想到教化力②,这能责怪它吗？国家的解体就包含了它的答辩。解脱了羁绊的社会,不是向上驰入有机的生活,而是又堕入原始王国。

另一方面,文明阶级则显出一幅懒散和性格败坏的令人作呕的景象,这些毛病出于文明本身,这就更加令人厌恨。我记不清了,不知是古代的还是近代的一位哲学家说过这样的话③,高贵的事物一旦败坏就更为可恶。我们将会发现,这句话也符合道德方面的实情。若是自然之子,超出常轨,充其量变成一个疯子,而有教养的人就会变成一个卑鄙之徒。文雅的阶级称赞理智的启蒙,

---

① 这里的"尊严"(Würde)指的是人的自决的自由,因而这句话的大意谓:国家为了保护人的生存不得不压制人的自由。
② 是与引力、聚合力等机械力相对的一种力,是一种由精神而产生的力。只要这种来自精神的教化力还没有充分发展,机械力就要起作用。
③ 柏拉图在《理想国》第6卷中说过这样的话。

不是毫无道理;可是,整个看来,这种启蒙对人的意向并没有产生多少净化的影响,反倒通过准则把腐败给固定下来了。在自然的合法领域,我们拒绝了自然①,而在道德领域②我们却接受它的专制;我们抵抗自然的印象,与此同时又从它那里攫取我们的原则。我们道德习俗的那种矫饰的礼仪否定了自然本可原谅的要求唱第一声部的权利,而在我们的唯物主义伦理学③中却给予它最后的决定权。在最精于世故的社交中心,利己主义筑起了它的体系,我们受到了社会的一切传染和一切疾苦,却没有同时产生一颗向着社会的心。我们使我们的自由判断屈从于社会上专断的偏见,使我们的情感服从社会的各种稀奇古怪的习俗,使我们的意志受社会的各种诱惑;我们坚持的只是我们的任性,以此来对抗社会的神圣权利。在粗野的自然人的胸中,还常有一颗同情的心在跳动;而在通达之士的胸中,由于骄傲的自满自足这颗心却在收缩,就像是从着火的城市逃难一样,每个人都只是设法从毁灭中抢救自己的那点可怜的财物。有人认为,只要完全否定了多情和善感的毛病,就能抵御由它造成的混乱;嘲讽固然常常有效地惩戒了狂热分子,但也以同样毫不宽容的态度诽谤了最高贵的情感。文明远没有给我们带来自由,它在我们身上培植起来的每一种力都只是发展出

---

① 官能领域是自然的合法领域,在这方面应当承认自然冲动的权利。
② 道德领域(moralisches Feld),这里的"道德的"(moralisch)一词含有"精神的"的意思,就是说,在精神领域不应受自然冲动的支配。
③ 指18世纪法国唯物主义。

一种新的需要。物质枷锁的束缚使人越来越胆战心惊,因而怕失去什么的畏惧甚至窒息了要求上进的热烈冲动,逆来顺受这个准则被看作是最高的生活智慧。因此,我们看到,时代的精神就是徘徊于乖戾与粗野,不自然与纯自然,迷信与道德的无信仰之间;暂时还能抑制这种精神的,仅仅是坏事之间的平衡。

第六封信

我这个描述对于时代算是太过分了吗?我想,人们不会这样指责我,而是会提出另外的责难,说我揭露得太多了。您会对我说,这幅图像诚然像现在的人类,但它更像一切正处在文明过程中的民族,因为一切民族在通过理性返回自然之前,都毫无例外地必然会由于拘泥理性而脱离自然。

但是,只要稍微注意一下时代的性格,我们就会感到惊奇,人类现在的形式与过去的,特别是希腊的形式造成鲜明的对照。面对任何其他的纯自然,我们都有理由因为我们有教养与文明而感到荣耀;可是面对希腊的自然,我们就不能享有这种荣誉,因为希腊的自然是与艺术的一切魅力以及智慧的一切尊严结合在一起的,而不是像我们的自然那样,是艺术和智慧的牺牲品。希腊人不只是由于具有我们时代所缺少的纯朴①而使我们感到

---

① 认为希腊人和希腊艺术是"纯朴的","自然的"最早是由温克曼提出的,他的著名论断:"高贵的单纯和静穆的伟大",到了18世纪成为德国思想界对古希腊的普遍认识。

惭愧,而且就以我们的长处来说——我们常常喜欢以这些长处来慰藉我们道德习俗的反自然的性质——他们也是我们的竞争者,甚至常常是我们的榜样。我们看到,他们既有丰富的形式,同时又有丰富的内容,既善于哲学思考,又长于形象创造,既温柔又刚毅,他们把想象的青春性和理性的成年性结合在一个完美的人性里。

那时,精神力正在壮美地觉醒,感性和精神还不是两个有严格区分的财物,因为还没有倾轧去刺激它们彼此敌对地相分离,各自划定自己的界限。诗还没有去追逐理智,抽象思考还没有沾染上吹毛求疵的毛病①。两者在必要时可以交换他们的任务,因为任何一方都尊崇真理,只是方式不同。理性虽然升得很高,但它总是怀着爱牵引物质随它而来;理性虽然把一切都区分得十分精细和鲜明,但它从不肢解任何东西。理性虽然也分解人的天性,放大以后再分散在壮丽的诸神身上,但是,它并不是把人的天性撕裂成碎片,而是以各种不同的方式进行混合,因为每个单独的神都不缺少完整的人性②。这同我们近代人完全不同!在我们这里,类属的图像也是放大以后分散在个体身上——但是,是分成了碎片,而不是千变万化的混合体,因而要

---

① 在近代,"诗"(die Poesie 泛指文学)与"抽象思考"(Spekulation)都脱离了自然,因而在文学中"机智"(Witz)占了统治地位,思维脱离生活。
② 希腊为数众多的神,是人性的各种因素千变万化的混合体,因而每个神都不乏完整的人性。

想汇集出类属的整体性就不得不一个挨一个地去询问个体。几乎可以这样说,甚至我们的心力在经验中的表露也是被分割的,简直就像心理学家在想象中对它的区分一样。我们看到,不仅是单独的主体,就是整个阶级的人也只是发展他们天禀的一部分,而其余的部分,就像在畸形生物身上看到的那样,连一点模糊的痕迹也看不到。

我不是没有认识到现在这一代人的长处,如果把他们当作一体放在知性的天秤上加以衡量,那么,就是在古代最优秀的一代人面前,他们的长处也毫不逊色。不过,他们必须集合在一起才敢开始竞争,必须全体对全体进行较量。试问,有哪个单个的近代人敢于走出来,一对一地同单个的雅典人争夺人的价值?

虽然类属有长处,而个体有短处,这种状态从何而来?为什么单个的希腊人有资格作为他那个时代的代表,而单个的近代人就不敢如此呢?这是因为,前者的形式得之于结合一切的自然,后者的形式得之于区分一切的知性。

给近代人造成这种创伤的正是文明本身。只要一方面由于经验的扩大和思维更确定因而必须更加精确地区分各种科学,另一方面由于国家这架钟表更为错综复杂因而必须更加严格地划分各种等级和职业,人的天性的内在联系就要被撕裂开来,一种破坏性的纷争就要分裂本来处于和谐状态的人的各种力量。这样,直觉的知性和思辨的知性①就敌对地分布在各自不同的领域,怀着猜疑和嫉妒守护各自领域的界限。由于人们把自己的活动限制在一定的范围,因而随之在自己身上为自己建立了一个主宰,这个主宰在不少情况下是以压制其他的天禀②为己任。一方面,过分旺盛的想象力把知性辛勤开垦的地方变成一片荒芜,一方面抽象精神又在扑灭那可以温暖心灵和点燃想象的火焰。

艺术和学术在人的内心世界所造成的这种错乱,政治的新精神使得它更全面和普遍了。我们当然并不期望,古代共和国的那种简单的组织会比古代风俗习惯的单纯存在得更久。但是,这种简单的组织并没有上升成为更高级的生气勃勃的生活,而是沦为粗俗的机器。在希腊的国家里,每个个体都享有独立的生活,必要时又能成为整体;希腊国家的这种水螅性③如今已被一架精巧的钟表所代替,在那里无限众多但都没有生命的部分拼凑在一起从而构成了一个机械生活的整体。现在,国家与教会,法律与道德习俗都分裂开来了;享受与劳动,手段与目的,努力与报酬都彼此脱

---

① 直觉知性(intuitiver Verstand),即下文所说的"经验知性"(empirischer Verstand)或"想象力"(Einbildungskraft);思辨知性(spekulativer Verstand),即下文所说的"纯知性"(reiner Verstand),或"抽象精神"(Abstraktionsgeist)。这两者的分离是由感官与精神的分离派生出来的。

② 席勒像大多数德国 18 世纪思想家一样,认为人身上有各种"天禀"(Anlagen)或译"内力",即在其他场合常说的各种"力"(Kräfte),想象力和抽象精神就是其中最主要的两种。

③ 水螅是腔肠动物,它的身体和触手可以收缩和伸张,通常是无性繁殖,从本身长出芽体。

节。人永远被束缚在整体的一个孤零零的小碎片上,人自己也只好把自己造就成一个碎片。他耳朵里听到的永远只是他推动的那个齿轮发出的单调乏味的嘈杂声,他永远不能发展他本质的和谐。他不是把人性印在他的天性上,而是仅仅变成他的职业和他的专门知识的标志。即使有一些微末的残缺不全的断片把一个个部分联结到整体上,这些断片所依靠的形式也不是自主地产生的(因为谁会相信一架精巧的和怕见阳光的钟表会有形式的自由?),而是由一个把人的自由的审视力束缚得死死的公式无情地严格规定的。死的字母代替了活的知解力,训练有素的记忆力所起的指导作用比天才和感受所起的作用更为可靠①。

倘若公共社会把职业当作衡量人的标准;倘若他尊重甲公民是因为他的记忆力,尊重乙公民是因为他有把一切都分得像表格一样精确的知解力,尊重丙公民是因为他有机械的技能;倘若它一方面不问性格如何只要求知识,相反,另一方面又为了一种遵守秩序的精神和奉公守法的行为就原谅知性的最大黑暗;倘若它让这些个别技能的内涵发展到什么程度,主体的外延到此就不得再发

---

① 这段话讲得很抽象,大意谓:国家为了维持它那像钟表一样的机械运转,制定了各种法律、规定等等,这些条文像公式一样严格地规定了人应该这样思想和行动,而不应该那样思想和行动。因此,指导人们思想和行动的就是记忆中的那些死的字母,也就是条文中的那些死规定。

展①——那么,为了充分扶植某种能带来荣誉和报酬的单独技能,就忽略了内心一切其他的天禀,这怎么会使我们感到惊奇呢?当然我们也知道,精力饱满的天才并不把他职业的界限当作他事业的界限;但是,具有中等才力的人,只完成他分内的事就已经耗尽了他那贫乏的全部精力,如果还有余力从事业余爱好而又无伤他的职业,那就肯定不是一个平庸之辈。另外,如果精力超过了任务,或者天才由于有更高的精神需要为自己的职务设了一个竞争者②,那对国家来说是不足为法的。国家惟恐失掉它独占它仆人③的权利,因而它就轻率地做出决定(而且谁能说它做得不对呢?),宁肯同瞿苔拉爱神也不愿同乌拉尼爱神共有它的仆人④。

因此,为了使整体的抽象能苟延残喘,个别的具体的生活逐渐被消灭。对公民来说,国家永远是异己的,因为他在任何地方都感觉不到它。治人者由于不得不通过划分等级来简化他的公民们的多样性,由于不得不通过第二手的代表机构同人打交道,因而他就把人同纯属知性的伪作⑤混为一谈,最后在他眼中完全失去了人;治于人者也只是以一种冷漠的态度接受法则,因为这些法则同他

---

① 这句话的大意谓:个别技能的发展(即劳动分工)阻碍了人的性格向完整性的方向发展。
② 即在他的职业之外还有其他的爱好。
③ 这里的"仆人",指国家的公民。
④ 瞿苔拉爱神代表感官的爱,乌拉尼爱神代表精神的爱。这个比喻的意思是:国家因为害怕它的仆人即公民脱离它的强制,因而宁肯让它的仆人沉醉于感官的享乐,也不允许他们在职务之外还有别的精神追求。
⑤ 知性区分一切,经过知性的分解人成了一个个碎片。

们并没有多大关系。最后,积极的社会交往也对维持一种很少受到国家扶助的联系感到厌倦(就像大多数欧洲国家的命运早已表明的那样),它裂解成为一种道德的自然状态①,在那里公众的势力只不过是一个派别,需要它的人憎恨它,回避它,只有不需要它的人才尊重它。

这种双重的势力②从内外两方面向人压来,在这种情况下,人怎么可能采取不同于他实际采取的方向呢?当思考的精神在观念世界里追求不可丧失的占有物时,它在感官世界里必然成为一个异己者,为了形式而丧失了物质。当务实的精神被关闭在由各种客体所组成的单调的圈子里,而且在这个圈子里又被各种程式所束缚,它必然会看到自由的整体在他眼前消逝,同时它的范围变得越来越贫乏。因此,前者试图按照设想来仿造实际的存在,把他的意象力的主观条件提高成为事物存在的根本法则③;正如前者一样,后者又落入相反的极端,他按照经验中的一个特殊的片段来估量一切经验,使他的职业的规则毫不区分地适应于任何一个职业。这样,前者必定成为空洞的吹毛求疵的牺牲品,后者必定成为迂腐的见识短浅的牺牲品,因为前者对于个别来说站得太高,后者对于整体来说站得太低。这种精神倾向的害处还不仅限于知识和创

---

① 原指那样一种状态,从道德角度看是一种自然状态,人们在他们的交往关系中不遵守任何道德规范,造成一种彼此残害的大混乱的局面。
② 即人身内各种力的裂解和国家的强制。
③ 即按照主观推论来解释客观现实,把主观设想的条件当作事物的普遍规律。

造,也扩大到感觉和行动。我们知道,心的感受性的程度取决于生动性,而它的范围取决于想象力的丰富。但是,分析功能①占了上风,必定会夺走幻想的力与火,对象的范围变得狭窄,必定会减少幻想的丰富性。因此,抽象的思想家常常有一颗冷漠的心,因为他们的任务是分析印象,而印象只有作为一个整体时才会触动灵魂;务实的人常常有一颗狭隘的心,因为他们的想象力被关闭在他职业的单调的圈子里因而不可能扩展到别人的意象方式之中。

我的计划是揭露时代性格有害的倾向及其根源,而不是指出天性用以补偿这一有害倾向的长处。我愿意向您承认,尽管个体在他的本质遭到肢解的情况下不可能幸福,可是不采用这样的方式类属②就不可能进步。希腊人的那种现象无疑是一个最高的水准③,但它既不能够长期坚持在这个阶段上,也不可能进一步提高。所以不能长期坚持,是因为知性由于它已有的储存不可避免地必然要与感觉和观照相分离,去追求认识的明晰;所以不能进一步提高,是因为只有一定程度的清晰能与一定程度的丰富和热度共存。希腊人已经达到了这样的程度,如果他们要向更高的教化前进,他们就必须像我们一样放弃他们本质的完整性,在分离的道

---

① 即思考知性。
② 即人类。
③ 根据温克曼的说法,在希腊,尽管各种力处于对抗之中,但总是保持了宁静和平静的状态,因此想象和知性都达到了最高的程度,任何一方都不必压制对方就可得到充分的发展。席勒接受了温克曼的观点,并且做了进一步的发挥。

路上去穷究真理。

要发展人身上的各种内力,除了使这些内力彼此对立以外没有任何别的办法。这种力的对抗是文明的伟大工具,但也只是工具,因为只要这种对抗还继续存在,人就还是正处在走向文明的途中。只是由于人身上的各种单独的力都彼此隔离,并都妄想独自立法,这些单独的力才与事物的真理进行抗争①,并强使平常由于怠惰与自满自足而停止在外在现象上的同感②也去探究事物的深邃。纯知性要在感官世界篡夺权威,而经验知性③则致力于使纯知性屈从经验的条件,正是通过这种方式,这两种内力都发展到可能达到的最娴熟的程度,占据了各自领域的所有地盘。一方面,想象力由于它的任意性敢于解除世界秩序,另一方面,它又迫使理性上升到认识的最高的源泉,迫使理性呼吁必然的法则来帮助它抵制想象力。

力的运用的这种片面性固然不可避免地把个体引向迷误,但

---

① 意即各种单独的力因此都在探究事物的真理。
② 关于"同感"(Gemeinsinn)这个术语,席勒在 1793 年 11 月 21 日写给奥古斯滕堡公爵的信中作了如下的解释:"只有在极少数的情况下,知性起的作用是逻辑的,就是说,是清楚地意识到指导它的规则和原则而起作用的;在绝大多数的情况下,知性起的作用是审美的,而且——正如殿下从语言运用中可以看到的——是作为一种触觉,这类知性在所有的语言中都称为同感。这并不是说,仿佛感官也能思维,知性在这里所起的作用同在一个正规思想家身上起的作用完全一样,而是说,在这里我们感受到的不是知性活动的本身,而是通过感到快乐或不快来接受它对我们的状态所起的影响。"
③ 这里指想象力。

把人类引向真理。只是由于我们把我们精神的全部潜能都集中在一个焦点上,把我们的全部生命都聚集在惟一的一种力上,我们才给这一单独的力插上了翅膀,人为地引导它远远越过那好像是自然给它设置的限制。这是确定无疑的,即使所有的个人合在一起,用自然赋予他们的目力也绝对达不到这样的地步,能窥探出天文学家用望远镜所能发现的木星的卫星;同样,这也是确定无疑的,人的思维力绝不会创立一种微分学或纯理性批判①,如果不是理性在有此天赋的个别主体身上成为一种单独的力,如果不是理性几乎脱离了一切物质,通过倾注全力的抽象武装了主体的目力使其看到绝对。但是,这样一种简直是分解成纯知性和纯观照②的精神,它有能力把逻辑的严格束缚更换成文学创作力的自由运动,它有能力以忠实而贞洁的心意去把握事物的个性吗?在这里,自然也为全才设置了他不可逾越的界限,只要哲学还必须把预防谬误当作它最高尚的职务③,真理就总是要制造殉难者。

因此,不管这种分割培育人的各种力的做法对世界的整体有多大好处,我们都不能否认与之相关的个体由于这一世界目的所带来的灾祸而蒙受痛苦。体操练习固然培育了体操运动员的身

---

① 指莱布尼兹创立的微分学和康德的《纯理性批判》。
② 这里的"纯知性"指前面谈到的创立微分学和写作《纯理性批判》的那种抽象能力。"纯观照"指前面谈到发现卫星的那种观察能力。
③ 意即哲学的目的不是探究真理,而是防止谬误。这里是影射康德的"批判哲学"。

体,但只有通过四肢自由均衡的运动才能培育美。同样,使各个单独的精神力得到充分的发挥,固然可以造就出非凡的人,但只有各种精神力均衡地混合在一起才能造就出幸福而又完善的人。既然培育人的天性必须做出这样的牺牲,那么,我们与过去和未来的时代是一种什么样的关系?或许我们成为人类的奴隶,我们几千年来就是为了人类而从事奴隶的劳动,我们那被肢解的天性打上了这种奴性的可耻烙印,为的是后代能够在幸福的悠闲中等候在道德方面得以康复,为的是他们能够自由地展现他们的人性!

但是,人怎么可能就得注定为了某种目的而忽略自己?自然怎么可能为它的目的就得夺走理性为了它的目的所给我们规定的完善呢?所以,培养个别的力,就必须牺牲这些力的完整性,这肯定是错误的;或者,纵使自然的法则还是朝这方面进逼,那么,通过更高的艺术①来恢复被艺术破坏了的我们天性中的这种完整性,也是我们自己的事情。

---

① 即审美艺术。

第 七 封 信

能期望国家起这样的作用吗？不可能，因为像现在这样的国家是祸害的起因①，而理性在观念中所设想的国家也不可能创立更好的人性，它本身必须首先建立在更好的人性基础之上。这样我们到目前为止的研究就又回到我一度离开了的那个问题。当今的时代，远没有向我们表现出那样一种人性的形式，它已经被看作是从道德方面改善国家的必要条件；相反，当今的时代向我们指出的是这种人性形式的直接的反面。因此，如果我所提出的原则是正确的，如果经验证实我所描绘的当代的图像是符合实际的，那么，直到人内心世界的分割再度被扬弃，他的天性得到充分的发展，以致天性本身成了艺术家②，并保证理性的政治创造能有实在性之前③，人们必须宣布，任何这样一种改革国家的尝试都为时过

---

① 参见第六封信，席勒认为，现代国家是造成人的天性分裂的根源之一。
② 这里的"艺术家"是广义上的，意即"创造者"。
③ 理性的政治创造在人性处于分裂状态时只是观念中的理想国家，并没有实在性；只有人的天性得到充分的全面发展，它才能成为经验中的现实的国家。

早,任何建立在这上面的希望都是不切实际的幻想。

自然在它的物质创造中为我们规划了我们在道德创造中所必须走的路。原始自然力①在低级有机体中的斗争还没有和缓之前,自然不会高尚地去创造物质的人。同样,在伦理人身上的原始自然斗争②——即盲目冲动之间冲突——尚未平息之前,他身上粗野的对抗尚未停止之前,是不敢为多样性的发展提供便利条件的。另一方面,在可以使他身上的多样性屈从于理想的一体性之前,他性格的独立自主性必须已经确定,对外来专制形式的屈从必须已经让位于正当的自由。当自然人还如此不受法则的约束而滥用他的任性时③,人们几乎不能给他以自由;当文明人还很少运用他的自由时④,人们就不可夺去他的任性。自由的原则的赠予会成为对整体的背叛,如果这种赠予与一种还在发酵的力量为伍,如果它加强了已经占优势的自然;互相一致的法则会成为对个体的专横统治,如果这种法则与一种已经占统治地位的弱点和物质的限制相联系,如果它扑灭了独立自主性和独特性闪烁出的最后一点火光。

所以,时代的性格必须首先从它那深深的堕落中振兴起来,一

---

① 原文为"elementarische Kräfte"。
② 原文为"Elementenstreit";这里"Element"一词与"Naturgewalt"("原始自然力")同一意义。
③ 参见第六封信。
④ 参见第六封信。

方面使它脱离自然的盲目暴力,一方面又使它回到自然的单纯、真实和丰富——这是一项要用一个多世纪时间的任务。我愿意承认,在此期间有一些尝试可能在个别情况下获得成功,但在整体上绝不会因此而有所改进。行为的矛盾总是一再证明,准则所要求的一体性是不存在的①。在世界上其他的大洲,黑人的人性受到尊重,而在欧洲,思想家的人性却受到侮辱②。旧的原则将会继续存在,但会穿上时代的服装,哲学出借它自己的声望去进行从前由教会专权进行的镇压③。自由在它最初的尝试中总是宣告自己是敌对者④,因此,一方面,由于对自由的恐惧,人们甘心情愿投入奴役的怀抱;另一方面,由于受到迂腐的管制而陷入绝望,于是就一跃而落入自然状态的那种粗野的放肆之中。强夺基于人的天性的怯弱⑤,反叛基于人的天性的尊严⑥,这种状况要一直延续下去,直到最后盲目的强力这个人类一切事情的最大统治者出面仲裁,它像裁判普通拳击一样裁决这所谓的原则之间的斗争。

---

① 这句话的大意谓:人的行为总是自相矛盾的,这证明理性的原则并没有发挥普遍的效用,因而它所要求的一体性也是不存在的。
② 指18世纪在北美已有解放黑人运动,而在欧洲像沃尔夫和卢梭这样的思想家却被放逐。
③ 就是说,以哲学的名义镇压自由。
④ 自由与为维护所谓全体利益而设置的法则是矛盾的,因而它是法则的敌对者。
⑤ 由于人天性中的怯弱,他甘心情愿受奴役,他的自由被篡夺。
⑥ 人受到迂腐的管制,他的尊严受到损伤;他由于绝望进而反叛,不受一切法则的束缚,落入自然状态的粗野的放肆之中。

第八封信

难道哲学就因此而沮丧绝望地从这个领域撤退吗？当形式的统治向各方扩展时，这个一切财物当中最重要的财物反倒该被无形体的偶然①支配吗？难道盲目力的冲突将在政治世界中永远延续，合群的法则永远也战胜不了敌对的自私吗？

绝对不是！理性本身固然不会同这种与它的武器相对抗的粗野的势力直接进行战斗，像《伊利亚特》中的萨图的儿子一样，它也不会自行下降到阴暗的战场②。但是，理性却从战士中间选拔出最合适的人来，像宙斯对他的孙子③那样，给他配备上天神的武器，通过他那必胜的力而成就伟大的裁决。

理性如若找到并提出法则，它就做了它能做的事，实行法则必

---

① 即盲目的自然力。
② 萨图(Saturn)的儿子即宙斯。按照希腊神话，宙斯的父亲是克罗诺斯(Kronos)，席勒按照古罗马说法称克罗诺斯为萨图。宙斯禁止群神参加希腊人与特洛亚人的战争，他坐在伊答(Ida)山上观战。这个故事见荷马：《伊利亚特》，第8篇，第41行以下。
③ 即阿喀琉斯(Achilles)，系特洛亚战争中希腊最勇敢的英雄。

须由勇敢的意志和生动的感觉来担当。真理要想在同各种力的斗争中取胜,它本身必须先变成力,并在现象世界设置一种冲动作为它的代理人,因为冲动是感觉世界中惟一的动力。如果说,直到现在真理还没有表现出它那必胜的力,这并不是因为理智不懂得把它揭示出来,而是因为心对它置之不理,冲动不为它行动。

尽管哲学与经验已经使人们拨云见日,为何偏见的统治还如此普遍,人的头脑还如此昏庸?时代已经启蒙,就是说,知识已经找到并已交给公众,这些知识至少说足以能纠正我们的那些实际的原则;自由研究的精神已消除了长期以来堵塞通向真理之门的虚妄的概念,挖掉了狂热和欺骗建立它们宝座的基础;理性已经清除了感官造成的错觉和欺骗性的诡辩;哲学最初曾使我们背弃自然,可如今它大声疾呼要我们回到自然的怀抱——既然如此,为何我们还老是蛮人①?

既然原因不在事物之中,那么,在人的内心里必然存在着某种东西,它阻碍接受真理,虽然真理之光是如此明亮,它阻碍承认真理,虽然真理是如此生动地令人信服。有位古代的智者已感到这一点,他说了一句意味深长的话:sapere ande②(勇于为智)。

要克服由于天性的怠惰和心灵的怯懦而造成的接受教化的障

---

① 关于"蛮人"的定义见第四封信,即以原则摧毁他的感觉。
② "勇于为智",见古罗马诗人贺拉斯的《书札》(*Episteln*),第1篇,第1章。

碍,必须有坚韧不拔的勇气。古代神话让智慧女神从尤皮特的头上长出,全身披甲,不是没有意义的,因为她做的第一件事就具有战斗性质①。在出生的时候,她就必须同感官进行艰苦的斗争,感官不肯脱离它们那甜美的静止状态。大多数人由于与穷困战斗已精疲力竭,因而无力再抖擞精神去同谬误进行新的、更加艰苦的斗争。只要能逃避开思维的艰辛,他们就感到满意,因此他们很乐意让别人来监护他们的概念。假使他们心中激起更高的需要,他们就怀着信任的心情急切地攫取国家与教会为这种情况已经准备好了的公式。如果说,这些不幸的人值得我们同情,那么另一部分人就应受到我们理所当然的蔑视,他们有较好的命运,可以不受需要的束缚,但他们自己的选择却屈从于需要。他们宁肯要模糊概念的昏暗,也不要真理的光芒,因为在前一种情况下,他们的感觉更生动,幻想可以随意地创造各种适意的形体,而在后一种情况下,真理的光芒将会驱散他们梦幻中的各种舒适的幻影。可是,他们整个的幸福大厦又正好是建立在这些认识的犀利之光要驱散的幻觉之上,因而真理要夺取的一切是他们认为有价值的东西。既然这样,他们怎么肯为了真理而付出如此高昂的代价? 因此,要热爱

---

① 尤皮特(又译朱庇特)是罗马神话中的最高天神,这里席勒意指希腊神话中的宙斯。智慧女神是雅典娜(Athene),她同时又是战神。据传宙斯第一个妻子智慧女神怀孕后,按预言将生下一个比宙斯还强大的孩子。宙斯感到恐惧,便把妻子吞进肚子,从此胎儿在宙斯的头上继续成长。后来宙斯让匠神用斧劈开他的头颅,雅典娜全副武装逃了出来。她兼有双亲的长处,成为智慧与威力的化身。

真理,他们必须先是智者,给哲学命名的那个人已经感到这一真理①。

所以,理智的一切启蒙仅仅因为都回溯到性格上,还不足以赢得尊重,它们还必须从性格出发,因为通过心而及头脑的路必须打通。因此,培育感觉功能是时代更为紧迫的需要,不仅因为它们是一种手段,可以使已经得到改善的审视力对生活发生作用,而且还因为它本身就唤起审视力的改善。

---

① 据说哲学(Philosophie)这个名称是古希腊哲学家和数学家毕达哥拉斯(Pythagoras)取的,"哲学"一词希腊文本义是"爱智"的意思。

第九封信

　　然而,理论的修养应带来实践的修养,实践的修养又是理论修养的条件,这不是一种循环吗?政治方面的一切改进都应从性格的高尚化出发——但是,在一个野蛮的国家宪法的影响下,性格怎么能够高尚化?因此,为了这个目的,必须找到一种国家不能给予的工具,必须打开尽管政治腐败不堪但仍能保持纯洁的泉源。

　　现在我要谈谈我迄今为止的研究所要阐述的那一点了。这个工具就是美的艺术,这些泉源就是在美的艺术那不朽的典范中启开的。

　　艺术跟科学一样,与一切积极的存在①和一切人的习俗都没有瓜葛,两者都享有绝对的豁免权,不受人的专断。政治立法者可以封闭科学与艺术的领域,但不能在其中实行统治。他可以放逐爱好真理的人,但真理仍然存在;他可以凌辱艺术家,但不能伪造艺术。诚然,这是最平常的道理,科学与艺术两者都效忠于时代精

---

① 即现存的现实。

神,创造趣味从判断趣味①那里接受法则。什么时候性格变得紧张而冷酷,我们就会看到,科学严守它的界限,艺术在规则的沉重枷锁下行进;什么时候性格变得疲软而松弛,科学就竭力取悦于人,艺术就竭力供人取乐。有史以来,哲学家和艺术家就表明他们是致力于把真和美注入芸芸众生的心灵深处,哲学家与艺术家在世间消亡,但真与美却以自己的不可摧毁的生命力在斗争中胜利地向上发展。

艺术家固然是时代之子,但如若他同时又是时代的学徒或时代的宠儿,那对他来说就糟了。一个仁慈的神及时地把婴儿从他母亲的怀中夺走,用更好时代的乳汁来喂养他,让他在远方希腊的天空下长大成人②。当他变成成人之后,他——一个陌生的人——又回到他的世纪,不过,不是为了以他的出现来取悦他的世纪,而是要像阿伽门农的儿子那样,令人战栗地把他的世纪清扫干净③。他虽然取材于现在,但形式却取自更高贵的时代,甚至超越一切时代,取自他本性的绝对不可改变的一体性④。这里,从他那

---

① 这里"创造趣味"指艺术家,"判断趣味"指批评家。
② 指意大利之行对歌德所产生的影响。1786年歌德逃离鄙陋的魏玛大公国,来到意大利,研究古希腊的艺术。时隔一年零九个月,于1788年回国,在艺术上获得新生。
③ 阿伽门农与特洛亚人作战归来,为其妻所害。其子阿瑞斯特为父报仇,杀死母亲等,洗净家丑。
④ 参见第四封信。在那里提到,每个人的天性中都有一个纯粹的人,理想的人,这种人具有不可改变的一体性。

超自然天性的净洁的太空,向下淌出了美的泉流;虽然下面的几代人和几个时代在混浊的漩涡里翻滚,但这美的泉流并没有被它们的腐败沾污。时代的爱憎对于他的材料可以昨天恭维,今天污蔑,但纯洁的形式却不受这种爱憎变化的影响①。一世纪的罗马人已经在皇帝前面下跪,而众神还巍然矗立;当群神早已成为人们取笑的对象时,神庙在人的眼里仍然是神圣的;宫殿本来是用以掩饰尼禄和阔莫多斯②的卑鄙行径的,但宫殿的高贵风格却使那些行径感到羞愧。人丧失了他的尊严,艺术把它拯救,并保存在伟大的石刻中;真理在幻觉中③继续存在,原型从仿制品中又恢复原状。正如高贵的艺术比高贵的自然有更长的生命一样,在振奋精神方面它也走在自然的前边,起着创造和唤醒的作用。在真理尚未把它的胜利之光送到人的心底深处之前,文学创作力已经捉住它的光芒;虽然潮湿的黑夜尚存在于山谷之中,但人类的顶峰即将大放光辉。

但是,艺术家是如何防范从各方面包围他的那个时代的腐败的呢?他蔑视时代的判断。他是向上仰望他的尊严和法则,而不是向下瞧着幸福和需要。他既摆脱了那种乐于在转瞬即逝的瞬间

---

① 关于材料(Stoff)与形式(Form)的关系在第二十五封信中有详尽的论述。
② 尼禄(Nero)和阔莫多斯(Commodus)均为罗马暴君。
③ "幻觉"(Täuschung)即"艺术假象"(künstlerischer Schein),详见第二十六封信。

留下自己痕迹的虚夸的"经营",也摆脱了那种急不可待地要把绝对的尺度运用到贫乏的时代产物上面的热狂,他把现实的领域交给以此为家的知性,但是,他也努力从可能与必然的联系中创造理想①。他的这种理想,是用"幻觉"和真理塑造的,是用他想象力的游戏和他事业的严肃铸造的,是用一切感官的和精神的形式刻画出来的,并且不声不响地把它投入无限的时间之中。

但是,并不是每个在灵魂中有这种炽热理想的人,都有创造的冷静和伟大的耐心,把这种理想刻入无言之石或灌铸成质朴的文字,交托给时代的忠实之士。神圣的创造冲动往往过于急躁,不肯信步于这种冷静的手段中间,而要直接冲向眼前的时代和现实的生活,改造道德世界中尚无形式的材料②。同胞的不幸使有感觉的人坐卧不安,而同胞的堕落更使他觉得事情紧急。于是,像一团火一样的热情油然而生,炽热的要求在强有力的灵魂中急不可待地要变成行动。然而,他了解吗?道德世界的这种混乱到底是伤害了他的理性,还是伤害了他的自爱心?假使他不知道这一点,就只能靠他用以追求一种特定的、立竿见影的效果的那种热忱来识

---

① 席勒认为,艺术的根本任务是表现理想,而理想是可能与必然相结合的产物,因而具有现实性。这一观点在第二十七封信里又作了进一步的阐发。
② 席勒不赞成艺术与眼前的现实和当前的生活直接挂钩,也反对把艺术当作进行道德教育的手段。

别它。纯粹的道德冲动是以绝对为目标,对它来说时间是无所谓的,只要未来必然地从现在发展而来,未来对它来说就变成了现在。在不受任何限制的理性面前,方向同时也是成功,路刚一走,就已经在身后边了。

热爱真与美的青年要想从我这里知道,在时代从各方面进行抵抗的情况下,他胸中的高尚的冲动①如何才能得到满足。我的回答是:假使你给你要影响的那个世界指出一个向着善的方向,时代平静的节奏就会带来发展。倘若你通过教诲把这个世界的思想提高到必然和永恒,倘若你通过行动或者创造把必然和永恒变成这个世界的冲动的一个对象,你就已经给它指出了这样的方向。妄想和任性的大厦将要倒塌,而且必须倒塌,只要你确信它已倾斜,它就已经倒塌。不过,它必须在人的内心里,而不是在人的外表中倾斜②。你要让必胜的真理在贞洁肃穆的内心中壮大发展,要用美从你身上显示出这必胜的真理,从而不仅思想敬重它,感官也怀着爱去捕捉它的表现③。为了避免从现实中接受本应由你给予它的范例,在你还没有确信在你心中已有一个理想的随从之前④,你切勿冒险地冲向令人担心

---

① 即道德冲动。
② 具有强烈灵魂冲动力的人可以从内心里超越妄想与任性,从而它们也就失去了统治人的力量。
③ 这句话的大意谓:艺术家不仅要以纯洁的心热爱真理,而且要以美从自己内心深处表现出真理,这样不仅会影响人的思想,而且会吸引人的感官。
④ 理想必须在心中有固定的形体和确定的轮廓。

的现实的社会。你要同你的时代一起生活,但不要做它的宠儿;你献给你同时代人的应是他们所需要的,而不是他们所赞美的。你虽不曾有过他们的过错,但要以高尚的忍让分担他们所受的惩罚,自愿地屈从于他们既不善于舍弃又不善于承担的羁绊①。你以坚贞的勇气鄙弃他们的幸福②,用这种勇气向他们证明,你并不是由于怯懦才承受他们的苦难。如果你要影响他们,你就得想他们应该是什么样;如果你要替他们行动,你就得想他们是什么样。他们的称赞应来自他们的尊严,他们的幸福你要看作是他们的卑劣,只有这样,你自己的高尚才会激起他们的高尚,而他们的卑劣也不会毁灭你的目的。你那些原则的严肃会把他们从你身边吓走,但在游戏中他们还是可以忍受这些原则的③。他们的趣味比他们的心更纯洁一些,因而在这方面你必须捉住那些胆小的逃跑者。你攻击他们的准则是徒然的,你诅骂他们的行为也是徒然的,但你可以在他们闲散的时候试试你的创造的本领。你要把任性、轻浮和粗野从他们的娱乐中排涂出去,从而你也就能够不知不觉地把这一切从他们的行动中,最终从他们的意向中驱除出去了。不管你在什么地方遇到他们,你都要

---

① 即国家的强制。
② 一般人不能忍受道德要求的严肃性,于是便追逐物质的幸福。
③ 原则是严肃的,因为赤裸裸的原则会把一般人吓跑,但在游戏中(即在美的艺术中)他们是会接受这些原则的。

以高尚的、伟大的、精神丰富的形式把他们围住,四周用杰出事物的象征把他们包围,直到假象①胜过现实,艺术胜过自然为止。

---

① 关于"假象"(Schein)的含义以及它与艺术的关系,后面几封信中有详尽的阐述。

第 十 封 信

您同我在这一点上意见是一致的,而且通过我前面几封信的内容您已经确信,人可以在两条相反的道路上离开他的规定,我们的时代实际上是在两条歧路上彷徨,一方面沦为粗野,另一方面沦为疲软和乖戾。我们的时代应通过美从这双重的混乱中恢复原状。但是,美的修养能同时对付这两个相反的缺点,能把这两种对立的特性在自己身上统一起来吗?它能够既约束野人的天性,又解放蛮人的天性吗①?它能够既系紧绳索同时又解开绳索吗②?如果它实际上做不到这两层,又怎么能合乎理性地期待它起到像培育人类这样伟大的作用呢?

人们必定早已听厌了这样的断言:发达的美感能够移风易俗,对此好像无须再重新证明。人们根据的是日常生活的经验,它表明,理智的清晰,情感的活跃,思想的自由以及举止的庄重,几乎总

---

① 参见第四封信倒数第 2 段。
② 参见第十六封信第 2 段。

是与有修养的趣味相连,而它们的反面则常常与没有修养的趣味相伴。人们十分确凿地引证,古代一些民族中最有教化的民族,它们的美感也最发展,当然也列举了相反的例证,有些粗野的、蛮横的民族,它们是用一种粗野或刻毒的性格来补偿它们对美的感觉的迟钝。虽然如此,还是有一些思想家间或有这样的念头,不是想否认事实,就是想怀疑从中引出的结论的正确性。他们认为,人们所指责的无教化民族的粗野并不那么严重,人们所称颂的有教化民族的文雅也并不那么优越。古代就有这样的人①,他们认为美的修养根本不是一种善行,因此他们完全是出于本意拒绝想象力的艺术进入他们的共和国。

　　有的人诽谤优美女神,仅仅是因为他们从未受过她们的恩惠,我指的不是这种人。他们除知道谋利要付辛苦,俯首可得收益以外不知道还有别的价值尺度——他们怎么会有能力去尊重趣味为培养内在的和外在的人而做的默默无闻的工作,他们怎么会有能力不因美的修养有偶然的短处而对它的本质的长处视而不见呢? 没有形式感的人,把一切措辞的优雅都当作笼络,把交往中的一切文雅都当作虚伪,把举止的一切审慎和大方都当作过度和矫情加以鄙视。他们不能原谅,优美女神的宠儿②当社交家时能使举座

---

① 指柏拉图。他在他的《理想国》里把诗人开除出他的共和国。
② 可能是暗指歌德。

欢畅,当事业家时能按他的意愿引导众人,当著作家时能给他的整个时代印上他的精神,而他们——勤劳的牺牲品——却用上他们的一切知识也引不起人们的注意,连一块石头也挪动不了。因为他们绝对学不会优美女神宠儿的那种会使人感到惬意的天才的秘密,所以他们除悲叹人的天性的乖戾,说它重假象甚于重本质以外,就没有旁的办法了。

不过,值得注意的是这样一些人的意见,他们表示反对美的作用,并从经验中提出可怕的理由。"这是无可否认的,"他们说①,"美的魅力在善良的手里能为值得称赞的目的发生作用,但在邪恶的手里会做出正好相反的事,为了谬误和不义而运用它那引人入胜的力量,这并不与它的本质相违背。正因为趣味只注意形式,从不注意内容,它最后会给人以危险的方向,忽略一切实在,为了迷人的外表而牺牲真理和道德②。万物的一切实质的区分都失却了,只有现象在决定它们的价值。有多少有能力的人,"他们继续说,"不是由于美的诱惑力而离开了一种严肃而又费力的工作,或者至少说,由于它的引诱而草草从事!有多少缺乏理智的人与市民组织不合,不是仅仅因为诗人的幻想喜欢建立一个世界,在那里

---

① 可能系指卢梭的征文《论科学与艺术》,在这篇文章中,卢梭对征文的题目"科学与艺术的复兴是否有助于移风易俗"给了完全否定的回答。卢梭认为,包括科学与艺术在内的文明起了有害的作用,主张返回自然。
② 席勒不同意把美与真理以及道德对立起来的观点,在最后一封信中从正面阐述了它们之间的统一性。

一切都是另外的样子,没有礼俗约束各种意见,没有艺术①遏制自然!自从情欲在诗人的图画里以耀眼的颜色显得光彩夺目以来,自从它在同法则与义务的斗争中总是能保住它的地盘以来,什么样危险的辩证法它没有学会?那么,社会又获得了什么呢?交往一向受真实②支配,如今是美为它提供法则;受人尊敬本应只靠功绩,现在由外在的印象来决断。不错,人们看到,现在一切美德都欣欣向荣,它们在现象中产生一种讨人喜欢的效果,在社会中赋予一种价值;但是,反过来人们也看到,一切放荡无度在统治,一切罪恶在盛行,而这些都与一个美的外壳相契合。"的确,这必然引起人的深思,几乎在每个艺术昌盛,趣味得势的历史时期中都看到人类的沉沦,而且举不出一个例子能证明,在一个民族里,审美修养的高度发展和极大普及是与政治的自由和公民的美德,美的习俗是与善的习俗,举止的文雅是与举止的真实携手并进的。

当雅典人与斯巴达人保持他们的独立,以尊重法则为他们的宪法基础时,趣味尚未成熟,艺术还在童年期,还根本提不上美在支配人心。诚然,诗的艺术已经崇高地腾空而起,但靠的是天才③的飞腾。而关于天才,我们知道,它近似于粗野,它是从黑暗中闪

---

① 在这里取其广义,不是指通常所说的艺术。
② 德语的"die Wahrheit"一词同时相当于汉语的"真理"和"真实",翻译时只能视上下文而定。这里的意思是:在交往中不应有任何的虚假。
③ 在18世纪被理解为与自然接近的、不受任何规则约束的创造力。

耀出的一丝光芒,因而它的产生不是为了维护它那个时代的趣味,而是为了反对它那个时代的趣味。等到在培利克雷斯和亚力山大统治下艺术的黄金时代到来时,趣味的统治变得普遍而又广泛时,希腊的力和自由就再也找不到了:雄辩歪曲真理,智慧在苏格拉底这样人的口里①,美德在弗其安这样人的生活中②都犯了罪。至于罗马人,我们知道,在我们看到希腊艺术征服了他们性格的严峻之前,他们已在许多次内战中耗尽了他们的力,随后又由于东方国家的奢侈而丧尽了元气,屈从于一个幸运君主的桎梏之下。就是对阿拉伯人来说,也是直到他们战士精神的内力在阿巴西登王朝③统治下疲软以后,文化的曙光才升起的。在近代的意大利,也是在庄严的龙巴登同盟④破裂,佛罗伦萨人屈从美底色人,所有英雄城市的独立精神⑤让位于不光彩的顺从以后,美的艺术才显示出来。再从现代民族中去寻找例证,几乎是多余的了,它们文明的程度是随着它们独立自主性结束的过程而增长的。在过去的世界里,不管我们的目光转向哪里,到处都能看到,趣味与自由各自分驰,美在英雄美德的沦丧之上建立它的统治。

---

① 苏格拉底提倡"美德即知识",主张有知识的人才具有美德,有美德才能治理国家。他的主张在当时被视为异说,有毒害青年之罪,被判处死刑。
② 弗其安(Phocion),雅典名将,为人正直,于公元前318年被判处死刑。
③ 即巴格达的卡里芬王朝(750—1258)。
④ 意大利的城市联盟,11世纪到12世纪站在教皇一边反对神圣罗马帝国的霍亨斯陶芬王朝。
⑤ 意大利北部的城市于14世纪到15世纪丧失了它们的独立和自由。

审美的修养是以牺牲性格的潜力为代价而换来的,而这种性格的潜力是促成人类一切伟大和卓越的最有力的原动力,倘若缺了它,一切别的,即使是同样伟大的优点也不能顶替。因此,如果仅仅坚持迄今经验所给予的关于美的影响的教训,那人们的确不会十分高兴地去培养对人的真正文明如此危险的情感。人们宁肯冒着粗野和严酷的危险舍弃美的熔炼力,也不愿受文明的那种促人疲软的影响,尽管这样会得到文明的一切好处。但是,也许经验并不是可以判决这样一个问题的法庭,在承认它提出的证据具有举足轻重的意义之前,人们看来已经毫不怀疑,我们所谈的美与那些证据证明起了坏作用的那个美是一回事。因而这就有必要预先提出一个美的概念,它的渊源不是经验,因为通过它应当认清,经验中所说的美是否有理由用这个名称。

假使要提出一个美的纯理性概念,那么,这个概念就必须——因为它不可能来自现实的事件,相反它纠正我们对现实事件的判断,并引导我们对现实事件做出判断——在抽象的道路上去寻找,必须从感性理性兼而有之的天性的可能性中推论出来,一言以蔽之,美必须表现出它是人的一个必要的条件①。因此,我们现在必须使我们自己提高到人的纯粹概念上。经验指给我们的只是个别

---

① 人的天性包括感性与理性,但迄今为止总是一方压制另一方,不能兼而有之,因而人还不是真正的人。只有通过美,这两者才能达到平衡,因此美是真正人的必不可少的条件。美的纯理性概念是从感性与理性在天性中可以兼而有之的可能性中推导出来的。

人的个别状态,从来就不是人类,我们必须从人的各种个体的和可变的现象中发现绝对的和永存的东西,通过抛弃一切偶然的局限来获取人生存的各种必要条件。这条先验的道路固然会使我们有一段时期①不得不离开熟悉的现象的范围,离开事物活生生的现实,停留在抽象概念这个空旷的地带——但是,我们是在探求一个什么也动摇不了的、坚实的认识基础;谁若不敢超越现实,谁就永远得不到真理。

---

① 从第十一封信到第十六封信。

第十一封信

若是抽象上升到可能的高度,就会得出两个最后的概念,在此抽象必须停止,抽象必须承认到了极限。抽象可在人的身上分辨出持久不变的和经常变化的两种状态,那持久不变的,称为人的人格①;那变化的,称为人的状态。

人格和状态——即自我和他的各种规定——根据我们的想象在绝对存在那里是同一的,而在有限存在②那里,它们永远是两个。尽管人格保持恒定,状态却在改变;尽管状态在改变,人格保持恒定。我们的状态从静止到活动,从热情到冷漠,从一致到矛盾,但我们还仍然是我们;直接由我们衍生出来的都保持不变。人格性的一切规定,只是在绝对主体中才会也同人格性一起保持恒定,因为这些规定是来自人格性。凡是神性的东西,是因为神性存

---

① "die Person"是席勒美学中的一个重要概念,它的基本含义就是第四封信中所说的:"每个人按其天禀和规定在自己心中都有一个纯粹的、理想的人。"为强调它的抽象性、非实在性,我们试译为"人格"。

② "绝对存在"指神,"有限存在"指经验中的具体的人。

在，它才是神性的。所以神性永远是一切，因为它是永恒的①。

在作为有限存在的人的身上，人格与状态是分开的，既不可能状态建立在人格之上，也不可能人格建立在状态之上。假使人格可以建立在状态之上，那人格就必须变化；假使状态可以建立在人格之上，那状态就必须保持恒定。因此，不论哪一种情况，不是人格不再是人格，就是有限不再是有限。我们存在，并不是因为我们思考，愿望，感觉；也不是因为我们存在，我们才思考，愿望，感觉。我们存在，是因为我们存在；我们感觉，思考和愿望是因为在我们之外还有些别的存在。

因此，人格必然有它自己的基础，因为保持不变不可能来自变化；我们对人格要有一个绝对的、以其自身为根据的存在的观念，这个观念就是自由。状态也必然有一种基础；因为它不是通过人格而存在，就是说，不是绝对的存在，它是由因果关系而产生的。因此，对状态我们就得有一切依附性的存在或者说变化所需要的条件，即时间②。"时间是一切变化的条件"，这是一句不证自明的

---

① 这里席勒是这样推论的：想到"神性"这个概念，就已经承认了这样一个事实：神是存在的。但神的存在与其他的存在不同，它不受自身以外的任何事物的制约，它以自身为根据，它的存在是因为它存在，因而它是绝对的、必然的、永恒的。

② 人格是永恒的绝对存在，没有时间性。状态是有条件的存在，条件就是外在事物的作用。一旦作用开始，它就存在，一旦作用消失，它就终止；因此，状态有始有终，时间性是它的特点。

话,因为它只不过说了:"序列是某事发生的条件"①。

人格是在永远保持恒定的自我中显示自己的,而且只在这种永远保持恒定的自我中显示自己,它是不能变的,它不可能在时间中开始;相反,倒是时间必须在它之中开始,因为变化必须以一个保持恒定的东西为根据。如果有变化,必然是有的东西在变化,而不是这个东西本身就已经是变化②。当我们说花开花谢时,我们是把花当作在这种变化中保持不变的东西,我们仿佛赋予花以一种人格,那开与谢的两种状态在其中显示出自己。说人变,那是无可非议的,因为人不只是一般的人格③,而且是处在特定状态中的人格④。但是,一切状态,一切特定的存在,都是在时间中形成,因而人作为现象必然也有一个起始⑤,虽然纯粹的灵智⑥在人身上是永恒的。没有时间,即不变,人就绝不会成为特定的存在;他的人格性诚然会在天禀中存在,但在实际中是不存在的。所以,保持恒定的自我只是通过他序列的表现才成为现象。

---

① 所谓"序列"(die Folge),就是所有各点都是作为前一个点的结果而产生的。如果承认了这个条件,那就可以得出结论,在任何一点上的某个特定事物都是作为他物的结果而产生的。
② 变化需依托于一个固定不变的事物,这样才能看出变化;但是显示出变化的那个事物本身并不变化,它仍然保持原样,变化的只是显示出来的那些状态。
③ 即抽象的人格。
④ 即具体的人。
⑤ 人作为观念(人格)是永恒的,而作为现象(状态)是有时间性的,他有始也有终。
⑥ 即神性。

因此人必须先接受进行活动的物质或者说实在性（实在性的最高灵智来自它自身）①，而且这种接受是假道知觉，把物质或实在性当作在空间里存在于他身外的东西，在时间里则存在于他身内进行变化的东西。他那永不变化的自我伴随着这个在他身上进行变化的材料，并且在一切变化之中他始终保持不变，把一切知觉当作经验，即认识的统一体，把他在时间中的每个表现方式当作对任何时间都有效的法则，这些就是他那理性的天性给他规定的规条。人只有在变化时，他才存在；只有保持不变时，他才存在。因此，人如若尽善尽美地表现出来，他就是在如潮似涌的变化中仍然永远保持不变的，保持恒定的一体。

尽管无限的存在即神性是不能变的，可是有一种倾向还必须称它是神性的，这种倾向把神性最根本的标志，即功能的绝对启示（一切可能的事物都有现实性）和表现的绝对一体性（一切现实的事物都有必然性）当作它无限的任务②。人在他的人格性中无可否认地带有这种趋向神性的天禀，而人通往神性的道路——如果可以把永远不会达到目标的东西称为道路的话——是在感性中打

---

① 人自身以外的物质自成实体，它的存在不依赖于人，它有自己的"最高灵智"，即神性。
② 既然神的存在假定是绝对的、永恒的、必然的，那么通过抽象思维从神性这个概念所得出的一切规定也必然是绝对的、永恒的、必然的。因此，神性这个概念必然包括这样一种倾向：它的一切可能的显示都具有现实性，它的一切实际的显示都具有必然性。但正如神性作为纯理性的概念在现实中并不存在一样，它的这一倾向在现实中也永远不会完全实现，因而实现它是一项无限的任务。

开的①。

人的人格性,如果孤立地看,就是说,脱离开一切感性材料②,它只不过是一种有无限外显可能性的天禀;只要不观照,不感觉,人就只不过是形式和空洞的功能。人的感官性,如果孤立地看,就是说,脱离开精神的一切自我活动③,它的功能就只不过是使没有它就只是形式的人转化成物质,而绝不可能使人同物质相统一。只要人仅仅是在感觉,仅仅是在渴求,并且仅仅由于渴求而进行活动,他就还只不过是世界,如果我们把这个名称仅仅理解为时间的还没有形式的内容。诚然,只有人的感性才能使他的功能成为活动力,但是只有他的人格性才能使他的活动成为他自己的。所以,为了不只是成为世界,人必须给物质加上形式;为了不只是成为形式,人必须把自身的天禀变成现实。要使形式转化为现实,人就得创造时间,并以变化与恒定相对立,以世界的多样性与他的自我的永恒一体性相对立;要给物质加上形式,人就得再扬弃时间,保住恒定在变化中的地位,使世界的多样性服从他的自我的一体性。

由此就产生了对人的两种相反的要求,同时也就是感性和理性兼而有之的天性的两项基本法则。第一项法则要求绝对的实在

---

① 人的人格性相当于神的神性,它也具有上述的神性的那种倾向,不过对于人来说,要实现上述倾向又离不开感性,因为人与神不同,他的天性中除理性外还有感性。
② 即抽象的人格性。
③ 即抽象的感性。

性:人必须把凡是形式的东西转化为世界,使他的一切天禀表现为现象。第二项法则要求绝对的形式性:人必须把他身内凡是仅仅是世界的东西消除掉,把一致带入他的一切变化之中;换句话说,他必须把一切内在的东西外化,给一切外在的东西加上形式。如果我们设想,这两项任务都尽善尽美地完成了,那就又回到了我们原来的出发点上,即关于神性的概念上。

第十二封信

  我们完成这双重的任务——使我们身内的必然①转化成现实,使我们身外的现实服从必然的规律——是受了两种相反的力的驱使。因为这两种力推动我们去实现它们各自的对象,人们就非常恰当地称它们为冲动。这两种冲动中的第一种,我想称为感性冲动,它是由人的物质存在或者说是由人的感性天性而产生的,它的职责是把人放在时间的限制之中,使人变成物质②,而不是给人以物质③。若是给人以物质,人格就得自由地活动,它接受物质,并把物质同它本身,也就是同保持恒定的东西加以区分。但是,在这里物质只能叫作变化④,或者叫作实在,它充实了时间;所以,这种冲动要求变化,要求时间有一个内容⑤。这个仅仅是充实

---

① "必然"不是事物本身所具有的,而是理性的产物,因而在"我们身内"。
② 使人变成受纯自然法则支配的感性世界的一部分。
③ 通过精神对物质进行加工。
④ 在感性冲动的支配下,物质与人格不发生关系,精神不对它进行加工,只是在时间中表现出各种不同的状态,就是说,它只是变化。
⑤ 时间本是空的,它必须充实了内容,才会有实在性。

了内容的时间所形成的状态叫作感觉①,只有借助这种状态物质存在才显示出来②。

凡是存在于时间之中的事物都是一前一后,因而某物的存在就把其他的一切事物都排除在外了。当人们在一件乐器上奏某个音时,这件乐器可能发出的所有音当中惟有这个音是现实的。当人感觉到眼前的事物时,他的无限可能的规定就被限制在这惟一的存在方式上面去了。所以,哪里仅仅是这种冲动在活动,哪里就必然受到最高程度的限制;人在这种状态中只不过是一个量度单位,是充实了内容的时间当中的一个瞬间——或者更确切地说,他并不存在,因为只要人受感觉支配,被时间拖着走,在此期间他的人格性就被废弃③。

只要人是有限的,这种冲动的领域就会扩展;而且因为一切形

---

① "感觉"仅仅是对某物在时间中活动的意识。
② 外界事物引起我们的感觉,从而显示出它。
③ 对这种在感觉支配下的无我(Selbstlosigkeit)状态,语言有个非常准确的说法:ausser sich sein(在自身之外),即在自我之外。虽然这个熟语只能用于这样的情况:感觉成为激情,而且这种状态由于长时间的延续已经看得出来,但是,任何人只要仅仅是在感觉(就是说,对感觉没有进行精神加工,因而也就是人格性没有进行自由活动——译者注),他就是在"自身之外"。从这种状态返回冷静审慎,人们同样正确地说成:in sich gehen(返回自身),即返回自我,恢复人格。一个不省人事的人,人们不说:er ist ausser sich(他在自身之外),而说:er ist von sich(他脱离自己),即他丧失了自我,因为那人只是不在自我之中。所以,当他从不省人事的状态再返回原状,他只是 bei sich(保持常态),而这种状态是可以同"在自身之外"的状态很好地并存的。——原作者注

式只在一种物质上显现,一切绝对只是通过局限做媒介才表现出来,因而人的全部表现最后当然会固定在这种感性冲动上。不过,虽然只有感性冲动才会唤醒人的天禀,并使它发挥出来,可是也仅仅由于感性冲动才使人不可能达到完善的程度。它用不可撕裂的纽带把向高处奋进的精神绑在感性世界上,它把向着无限最自由地漫游的抽象又召回到现实的界限之内。当然,思想可以暂时逃脱这种冲动,一个坚强的意志可以胜利地反抗它的要求,可是这被压制下去的天性①不久就又恢复了它的权利,要求存在的实在性,要求我们的认识有一个内容,要求我们的行动有一个目的②。

那两种冲动中的第二种,可以称为形式冲动;它来自人的绝对存在③,或者说是来自人的理性天性;它竭力使人得以自由,使人的各种不同的表现得以和谐④,在状态千变万化的情况下保持住人的人格。因为人格作为绝对的、不可分的一体是不可能自相矛盾的,因为我们永远是我们,所以,这个要求保持人格性的冲动,除了它必然永远要求的东西以外另无其他要求⑤;它现在的决断就是永远的决断,现在的命令就是永恒的命令。因此,这种冲动包括

---

① 当思想逃脱感性冲动,当坚强的意志反抗感性冲动的要求的时候,只是把产生感性冲动的感性天性暂时压制下去。
② 如存在有了实在性,认识有了内容,行动有了目的,就都成为有限的了,也就是说,感性冲动只要求有限。
③ 人的绝对存在,就是在第十一封信中所说的"绝对的、以其自身为根据的存在",这种存在是人格的基础,它的特征是自由。
④ 在这里的意思是"一致""首尾一贯"。
⑤ 形式冲动与感性冲动不同,它只要求永恒、无限。

了时间的全过程,就是说,它扬弃了时间,扬弃了变化;它要现实的事物是必然的和永恒的,它要永恒和必然的事物是现实的,换句话说,它要求真理和合理性。

如果说第一种冲动只是造成各种情况,那么,第二种冲动就是建立法则——当涉及认识时,是适用于每个判断的法则,当涉及行动时,是适用于意志的法则。不管是我们认识一个对象,给我们主观的一种状态加上客观的有效性,还是我们从认识出发,进行行动,把客体当作规定我们的状态的尺度①——在这两种情况下,我们都是把这种状态从时间的裁决中夺回来,承认它对一切人和一切时间都具有实在性,就是说,承认它有普遍性和必然性。感觉只能说:"对这个主体和在这个瞬间,这是真的。"但另一个主体,另一个瞬间来到时,它就收回眼前感觉的这种看法;可是,一旦思想说"是这样",那它就是作出永恒的决断,它的判断的有效性是以能抵挡一切变化的人格性本身来担保的。爱好只能说,"对我的个性和我现在的需要,这是好的",但变化会带走你的个性和你现在的需要,并会使你现在热烈渴望的东西成为你将来厌恶的对象。可是,如若道德感情说"应该这样",那它就是作出了一劳永逸的决断。如果你因为这是真理而皈依真理,因为这是合理而实施合理,那么,你就已经把一件个别事件当作一切事件的法则,把你生

---

① 即不管是认识,还是行动,不管是理论,还是实践。

活中的一个瞬间当作永恒来看待。

所以,什么地方形式冲动在支配,我们身上的纯客体①在活动,存在在那里就会得到最高程度的扩展,一切限制在那里就会消逝,人在那里就会从贫乏的感官把他局限于其上的量度一体提高成把整个世界包括在其中的观念一体。在这样行动的时候,我们不是在时间之内,而是时间以及它的全部永无终结的序列在我们之中。我们不再是个人,而是类属;一切精神的判断由我们的判断说出,一切心的选择由我们的行动来代表。

---

① 即在第四封信中所说的"纯粹的、理想的人",也就是这封信中所说的"人格"。

第十三封信

乍看起来，好像再也没有比这两种冲动的倾向更彼此对立的了，一个要求变化，一个要求不变。这两种冲动已经概括尽人的概念，可能调解这两者的第三种基本冲动简直是一个不可思议的概念。人的天性的一体性好像完全被这种本原的极端对立给破坏了，我们怎样才能把它恢复过来呢？

这两种冲动的倾向确实是矛盾的，可是也可以看出，它们并不在同一个对象之中，而且什么东西彼此不相碰，也就不可能彼此冲突。感性冲动固然要求变化，但它并不要求变化也要扩展到人格及其领域，它并不要求更换原则。形式冲动要求一体性和保持恒定，但它并不要求状态也同人格一起固定不变，它并不要求感觉同一。因此，这两种冲动从根本上并不是对立的；如果说，虽然如此，看起来它们还是对立的，那是由于它们各自误解了自己，扰乱了它们各自的范围，因而违背了天性才出现这种情况的①。监视这两种冲动,确定它们各自的界限,这是文明的任务。文明给这两者同样的合理性,它不仅面对感性冲动维护理性冲动,而且也面对理性冲动维护感性冲动。因此,它的职责是双重的:第一,防备感性受自由的干涉;第二,面对感觉的支配确保人格性。要实现第一项职责,就要培育感觉功能,要实现第二项职责,就要培养理性功能。

因为世界是在时间及变化中延伸的,因而那个使人与外界相

---

① 只要断言这两种冲动有一种本原的、因而也是必然的对抗性,那么要维持人身内的一体性,除了使感性冲动从属于理性冲动以外,自然就再也没有别的办法了。但是,由此而产生的只能是单调,而不是和谐,人仍然是永远继续分裂。这种从属关系是必要的,但是是相互的;因为虽然限制不可能建立绝对,就是说,自由绝不可能依赖于时间,但这一点也是确定无疑的,绝对也绝不可能通过它自身建立限制,时间中的状态不可能依赖于自由。所以,这两个原则彼此间既是从属关系又是并列关系,就是说,它们是处在相互作用之中:没有形式就没有物质,没有物质就没有内容(关于相互作用这个概念及其全部重要性,费希特在《知识学基础》中有精辟的论述)。人格在观念世界中是怎么个情况,我们自然不知道,但我们知道,它如不接受物质,它在时间世界里就显示不出来。因此,在这个世界中,物质不仅是在形式的支配之下规定他物,而且它也不依赖于形式,与形式并行地规定他物。尽管感觉在理性的领域不可能作出任何决断是必然的,理性不敢在感觉的领域妄自决断什么,这同样也是必然的。人们在为这两种冲动中的每一种规定一个领域的时候,同时也就把另外的领域排除在外,给每一个领域划定了界限,逾越这个界限对两者都只能带来害处。

在先验哲学中,一切的关键在于把形式从内容中解放出来,使必然不沾染任何偶然,所以人们很容易习惯地把物质仅仅想成障碍,又因感性正好阻挡了这样一种活动的道路,因而人们很容易习惯地设想感性处于同理性的必然矛盾之中。这样一种想象方式虽然绝不符合康德体系的精神,但完全可能符合康德体系的字面意义。——原作者注

连的功能①如是完善的,它就必然有最大可能的变化性和外延性②。因为人格是在变化中固定不变的,因而那个抵挡变化的功能③如是完善的,它就必然有最大可能的独立性和内向性④。感受性越是得到多方面的培育,它越是灵活,给现象提供的面越多,人也就越能把握世界,越能在他自身内发展天禀;人格性越是有力和深沉,理性获得的自由越多,人也就越能理解世界,越能在他自身之外创造形式。因此,人的修养在于:第一,为感受功能提供同世界最多样化的接触,在感觉方面把被动性推向最高的程度;第二,为规定功能获得不依赖于感受功能的最大的独立性,在理性方面把主动性推向最高的程度。什么地方这两种特性相统一,人在什么地方就会把最大的独立性和自由同生存最高的丰富性结合在一起⑤,人并没有因此消失于世界之中,反倒是把世界及其现象的全部无限带到他的自身内,使其服从他的理性的一体性。

  人也可能颠倒这种关系,因而有两种情况他是达不到他的规定的。他可能把能动力所必需的内向性放在受动力的上面,通过物质冲动侵害形式冲动,把感受功能当作规定功能。他也可能把应归于受动力的外延性分配给能动力,通过形式冲动侵害物质冲

---

① 即感觉功能(Gefühlvermögen),或感受功能(empfangendes Vermögen)。
② 指体验的多样和丰富。
③ 即理性功能(Vernunftvermögen)或规定功能(bestimmtes Vermögen)。
④ 指体验的内在和深沉。
⑤ 这一表述见第六封信第2段。

动,暗地里把规定功能更换成感受功能。在第一种情况下,人将不是他自己;在第二种情况下,人将不是其他;正因如此,在这两种情况下,他不是非我就是非他,所以说他等于零①。

---

① 唯感性占优势对我们的思维和行动起的坏作用,谁都容易看出,而唯理性占优势对我们的认识和行为起的有害影响,就不是那么容易看到,虽然这种有害影响同样经常出现,而且同样重要。因此,请允许我,从这类能说明因思维力和意志力侵害了观照和感觉而造成损害的大量事件中挑选两件提醒注意。

我们的自然科学为什么进步如此缓慢,最主要的原因之一显然是对目的论判断的那种普遍的、几乎是不可遏制的偏爱。只要把这种判断当作"有立法权的"来加以运用,在作这样判断的时候,规定功能就会冒充感受功能。这样一来,大自然也许可能还会一再有力地触动我们的器官——但它那千变万化的现象对我们来说却丧失了,因为我们在大自然中不寻找任何别的东西而只寻找我们给它加进去的东西,因为我们不允许大自然向内朝着我们运动,而是相反,我们自己以急切地进行干预的理性向外朝着大自然追逐。假使几个世纪之后,有一个人以宁静的、纯真的、坦白的感官去接近大自然,因而碰到大量我们由于有先入为主的看法而视而不见的现象,我们就会感到十分惊讶,在如此光明的白昼有这么多的眼睛为什么竟然什么都没有看到。在构成谐音的一个个单音尚未合奏之前,就过早地追求谐音;在本不是无条件地必须由思维力支配的领域强行建立思维力的统治,这就是为什么有那么多有头脑的思想家致力于科学中最好的部分而收效甚微的原因;而且很难说,究竟是未接受形式的感性,还是不等待内容的理性,对我们扩充知识危害更大。

同样,我们的实践仁爱遭到破坏和变得冷淡,究竟是由于我们的欲求的强烈所致,还是由于我们的原则的严格所致,是由于我们的感官的自私所致,还是由于我们理性的自私所致,这也很难确定。要使我们成为有同情心的、乐于助人的、有作为的人,感觉与性格必须相统一,正如为使我们获得经验感官的开豁必须同知性的潜力相吻合一样。我们应该有这样的能力,忠实而又真诚地吸收别人的天性,把别人的环境化为己有,把别人的情感当作我们自己的情感。如果我们缺乏这样的能力,我们怎么可能恰如其分地、和善地、仁爱地对待别人?即使我们赞成这样的准则,也无法做到。如果试图打破欲求的支配,并通过原则来巩固性格,那么,不管是在我们接受的教育中,还是在我们对自己的教育中,这种能力都同样地会受到压制。在情感非常活跃的情况下,要忠于性格的原则是困难的,因而人们就采取一种较便当的办法,通过钝化情感来确保性格,因为在一个被解除了武装的对手面前保持镇静,(接下页)

若是感性冲动在起规定作用,感官就成为立法者;若是世界压抑人格,世界随着它拥有了支配权也就不再是客体。只要人仅仅是时间的内容,他就不存在,因而他也就没有内容。他的状态也就随着他的人格性一起被扬弃,因为这两者是相关的概念——因为变化要求有一个保持恒定的东西,被限制的实在要求有一个无限制的实在①。若是形式冲动在感受,就是说,若是思维力暗地里先于感觉,人格代替了世界,那么,当人格侵占了客体的位置时,人格在这种情况下就不再是独立的力和独立的主体,因为保持恒定的东西要求变化,绝对实在为显示自己要求限制②。只要人仅仅是形式,他就没有形

(接上页)比之制服一个勇敢而强健的敌人不知要容易多少。当然,这样一种做法在大多数情况下也会收到所谓"陶冶人"的那种结果,而且我们用这个词是根据它的最好的意思,意指改造内在的人,而不仅仅是指改造外在的人。这样一个受了"陶冶"的人,自然保险不会是粗野的自然,也不会作为粗野的自然出现。但是,由于他穿上了原则的盔甲,同时也就抵挡了一切对自然的感觉,他人无论从内部还是从外部都不能影响他。

在评判他人和评判应为他人出力的情况时,如果完全严格地把理想的"完善"作为根据,那是对"完善"的非常有害的滥用。前一种情况将导致狂热,后一种情况将导致冷酷和无情。如果有人在思想中把要求我们帮助的现实的人暗地里换成大概能够自助的理想的人,那他的社会义务就变得无比容易。对自己严格,同时又对他人宽容;这才构成真正卓越的性格。但绝大多数的情况是,对他人宽容的人对自己也宽容,对自己严格的人对他人也严格;对自己宽容而对他人严格,这是最可鄙的性格。——原作者注

① 人格和状态是彼此独立的,但又是相互依存的;同样,保持恒定和变化的关系也是如此;没有保持恒定的东西,就没有变化。因此,一旦人格被扬弃,状态也就不存在,当然也就没有状态的变换,人也就没有了内容。

② 人自身的保持恒定的东西只有同一系列的外在的变化相对照才会显示出来,即它是靠变化来显示自己的。同样,人也不知道自身还有"绝对实在",只有当他必须克服他身外的限制时,他才意识到他自身内有"绝对实在",即人格。

式①,因而人格也随着状态一起被扬弃。一言以蔽之,只有当人是独立的时候,实在才在他之外,他才感受;只有当人在感受,实在才在他之内,他才是一种思维的力。

所以,两种冲动都需要有限制,只要设想它们是潜力,它们就需要放松。一个冲动不要侵入立法的范围,一个冲动不要侵入感觉的领域。但是,感性冲动的放松,绝不可是物质不起作用和感觉迟钝的结果,这种结果不论在什么地方都只应被鄙视。感性冲动的放松必须是自由的行动,即人格的活动,它通过它的精神的强度来节制感性的强度,通过控制印象使它不能向深处发展而让它向广度发展。性格必须给气质规定界限,因为感性只可由于精神而消失。同样,形式冲动的放松也绝不可是精神不起作用和思维力或意志力疲竭的结果,这种结果会使人堕落。感觉的丰富性必须是它的光荣的源泉;感性本身必须以必胜的力量保护自己的领域,抵御精神的干预,因为它很喜欢向它施加暴力。总而言之,人格性必须使物质冲动保持在它自己的范围之内,感性或自然必须使形式冲动保持在它自己的范围之内。

---

① "形式"只存在于观念之中,是抽象地存在的;它只有通过物质、世界、内容等才会成为现实的存在,因而如果仅仅是形式,就等于没有形式。

第十四封信

我们已经谈到这两个冲动之间相互作用的概念,一个冲动的活动同时也为另外一个冲动的活动奠定了基础,立下了界限,每一个冲动都正是由于另外一个冲动是能动的才在最高程度上显示出自己。

两个冲动的这种关系,当然只是理性的一个任务,人只有在他的生存达到尽善尽美的地步才能完全解决这个任务。因此,这是最根本意义上的人的人性观念①,是一种无限,人在时间的过程中能够越来越与之接近,但永远不会达到。"人不应该靠牺牲他的实在去追求形式,也不应该靠牺牲形式去追求实在;相反,他应该通过一种特定存在去寻求绝对存在,通过一种无限存在去寻找特定存在。他应面对一个世界,因为他是人格②;他应是人格,因为有一个世界面对着他③。他应该感觉,因为他意识到自己;他应该

---

① 参见第四封信最后一段。
② 人只有通过与外在世界的接触才能显示出他的人格。
③ 人只有保持他那不变的人格才能感受到外在世界,否则他只能变成物质。

意识到自己,因为他感觉。"——只要人仅仅是满足两个冲动中的一个,或者只是满足了一个再满足一个①,真正符合这个观念的、因而也就是完全意义上的人,在经验中就不可能存在。因为,只要人仅仅是在感觉,他的人格或绝对存在对他就永远是个秘密,同样,只要人仅仅是在思维,他在时间中的存在或他的状态对他就永远是个秘密。但是,假使有这样的情况②:人同时有这双重的经验,即他既意识到自己的自由同时又感觉到他的生存,他既感到自己是物质同时又认识到自己是精神,在这样的情况下,而且绝对的只有在这样的情况下,人才会完全地观照到他的人性,而且那个引起他观照的对象对他来说就会成为他那已经实现的规定的一个象征,因而(因为规定只有在时间的整体中才能达到)也就成为无限的一种表现。

假使这类情况能够在经验中出现,将会在人身内唤起一个新的冲动,而且正因为那两个冲动在它之中一起活动,所以孤立地看,它同那两个冲动中的每一个都是对立的,有理由称它为新的冲动。感性冲动要求变化,要求时间有一个内容;形式冲动要废弃时间,不要求变化。因此,这两个冲动在其中结合在一起进行活动的那个冲动,即游戏冲动(请允许我姑且称它为游戏冲动,随后我再

---

① 只要感性冲动和形式冲动是分别单独活动,完全意义上的人就只是观念中的理想的人,而不是经验中的现实的人。换句话说,只要感性冲动和形式冲动不是结合起来一起活动,人就不会是全面的人。

② 在美的王国里有这样的情况。

论证这一命名)所指向的目标就是,在时间中扬弃时间,使演变与绝对存在,使变与不变合而为一。

感性冲动要求被规定,它要感受它的对象;形式冲动要求自己规定,它要创造它的对象;游戏冲动则力争要这样来感受,就像自己创造一样,力争要这样来创造,就像感官在感受一样。

感性冲动要从它的主体中排斥一切自我活动和自由,形式冲动要从它的主体中排斥一切依附性和受动①。但是,排斥自由是物质的必然,排斥受动是精神的必然②。因此,两个冲动都须强制人心,一个通过自然法则,一个通过精神法则。当两个冲动在游戏冲动中结合在一起活动时,游戏冲动就同时从精神方面和物质方面强制人心,而且因为游戏冲动扬弃了一切偶然性,因而也就扬弃了强制,使人在精神方面和物质方面都得到自由③。当我们怀着情欲去拥抱一个理应被鄙视的人,我们痛苦地感到自然的强制;当我们敌视一个我们不得不尊敬的人,我们就痛苦地感到理性的强制。但是如果一个人既赢得我们的爱慕,又博得我们的尊敬,感觉

---

① 感性冲动要单独统治,形式冲动也要单独统治。
② 这里"必然"(Notwendigkeit)含有"强制""强迫"的意思。
③ 只要一个冲动占据统治地位,一个冲动在强制我们,另外一个就受到压制,它的活动就只是"偶然的",只是可能的,而不是必然的。游戏冲动是从两方面(即物质方面和精神方面)强制我们,"偶然性"就没有了,两个冲动的活动都成为必然的了。既然两者都是必然的,它们相互抵消,不再是强制,而是自由活动了。

的强迫以及理性的强迫就消失了,我们就开始爱他①,就是说,同时既同我们的爱慕也同我们的尊敬一起游戏②。

此外,当着感性冲动从物质方面,形式冲动从精神方面强制我们的时候,前者使我们的形式特性成为偶然的,后者使我们的物质特性成为偶然的,这就是说,不管是我们的幸福同我们的完善相一致,还是我们的完善同我们的幸福相一致,都是偶然的。因此,当两个冲动统一地在游戏冲动中活动时,游戏冲动将使我们的形式特性和物质特性,将使我们的完善和幸福同时都成为偶然的。正因为它使这两者都成为偶然的,又因为随着必然性这样的偶然性也会消失,因而游戏冲动在这两者之中又扬弃了偶然性,把形式送入物质之中,把实在送入形式之中。由于它夺去了感觉和热情的那种强有力的影响,就使它们同理性观念相一致;由于它消除理性法则的精神强制,就使它同感官的兴趣相调和。

---

① 关于"爱",席勒在《论优雅和尊严》中说:"因此,只有爱是一种自由的感觉,因为它的纯洁的泉流源于自由,源于我们神一样的天性。"
② "爱慕"(Neigung)和"尊敬"(Achtung)这两种分别由感性冲动和形式冲动引起的心情(Gemüt)能同时自由地活动,表明来自感性自然的压力以及来自理性原则的强制都消失了,这种自由状态就是一种"游戏"状态。

第十五封信

在一条并不十分令人振奋的小径上我引您走向一个目标,这个目标已越来越近了。请您赐恩,再跟我往前走几步,这样,一个更加自由的视野就会展现出来,一个令人心旷神怡的远景也许会酬报行路的艰辛。

感性冲动的对象,用一个普通的概念来说明,就是最广义的生活,这个概念指一切物质存在以及一切直接呈现于感官的东西。形式冲动的对象,用一个普通的概念来说明,就是本义的和转义的形象,这个概念包括事物的一切形式特性以及事物对思维力的一切关系。游戏冲动的对象,用一种普通的说法来表示,可以叫作活的形象,这个概念用以表示现象的一切审美特性,一言以蔽之,用以表示最广义的美①。

依据上述说明——如果算是一种说明的话——美既不扩

---

① 就是说,"美"并不是单指"美的形象",而是指所有审美的现实。

张到生物界的全部领域,也不仅限于这个领域。一块大理石虽然是而且永远是无生命的,但通过建筑师和雕刻家的手同样可以变成活的形象;而一个人尽管有生命,有形象,但并不因此就是活的形象。要成为活的形象,就需要他的形象是生活,他的生活是形象。在我们仅仅思考他的形象时,他的形象没有生活,是纯粹的抽象;在我们仅仅感觉他的生活时,他的生活没有形象,是纯粹的感觉。只有当他的形式在我们的感觉里活着,而他的生活在我们的知性中取得形式时,他才是活的形象①;而且不管在什么地方,只要我们判断他是美的,情况总是这样。

我们可以举出那些由于它们的统一而产生美的成分,但因此还是完全没有说明美的渊源,因为要说明美的渊源,就需要了解这种统一本身,而这种统一,正如有限与无限之间的一切相互作用一样,我们是永远无法探究的②。理性根据先验的理由提出要求:应

---

① 生活与形象,或内容与形式,本来是相分离的;只有当它们彼此统一,相互转化,成为"充满内容的形式"和"变成形式的内容",才会成为"活的形象",才会产生美。
② 席勒认为,审美印象,或美,是有限的(即感性的)生活与无限的(即精神的)形象之间相互作用(Wechselwirkung)的产物,但是美究竟是如何产生的,即美的渊源,是无法说明的,因而他不去研究这个问题。

在形式冲动与感性冲动之间有一个集合体,这就是游戏冲动,因为只有实在与形式的统一,偶然与必然的统一,受动与自由的统一,才会使人性的概念完满实现。理性必然会提出上述的要求,因为它就是理性①——因为按其本质它极力要求"完满实现",要求排除一切限制;但是,这一个或那一个冲动的任何排他性的活动都不允许人的天性完满实现,都要在人的天性中建立一种限制。只要理性据此作出断言:应该有人性存在,那么它因此也就提出了这样的法则:应该有美②。是不是美,经验可以回答我们,而且只要经验给我们以教导,我们也会知道,人性是否存在。但是,怎么才能是美,人性怎么才能存在,这不管是理性还是经验都无法教给我们。

我们知道,人既不仅仅是物质,也不仅仅是精神。因此,美作为人性的完满实现,既不可能是绝对纯粹的生活,就像那些敏锐的观察家所主张的那样(时代的趣味很乐于把美降低到这种地步),他们过于死板地依靠经验的证据;也不可能是绝对纯粹的形象,就像抽象推理的哲人和进行哲学思考的艺术家所判断的那样,他们

---

① 在路德维希·伯勒曼(Ludwig Bellermann,1836—1915)编的《席勒文集》中没有这句话,而在其他的版本如柏林建设出版社编的《席勒文集》中有。

② 即是说,人性概念的完满实现就是美。

中的前者过于脱离经验,后者在解释美时过于被艺术的需要所指引①。美是两个冲动的共同对象,也就是游戏冲动的对象。语言的用法完全证明这个名称是正确的,因为它通常用"游戏"这个词来表示一切在主观和客观上都非偶然的、但又既不从内在方面也不从外在方面进行强制的东西。在美的观照中,心情处在法则与需要之间的一种恰到好处的中间位置,正因为它分身于二者之间,所以它既脱开了法则的强迫,也脱开了需要的强迫。它对于物质冲动和形式冲动的要求都是严肃的,因为在认识时前者与事物的现实性有关,后者与事物的必然性有关,在行动时前者以维持生命为目标,后者以保持尊严为目标,二者都以真实与完善为目标。但是尊严一掺了进来,生命就变得无关紧要,一旦爱好在吸引,义务

---

① 伯克在他的《关于崇高与美的概念的根源的哲学探讨》中把美当作纯粹的生活❶。而据我所知,教条派❷的所有信徒们又把美当作纯粹的形象,他们对这个对象各自表白了自己的信条,在艺术家当中拉斐尔·门各斯❸在他的《关于绘画中趣味的断想》中就是这么做的,至于其他人就不必提了。所以像在一切领域一样,批判哲学在这个领域也为经验回到原则,抽象推理回到经验开辟了道路。——原作者注

❶ 伯克(Edmund Burke,1728—1797),英国经验主义哲学家,他的这部著作在 18 世纪的德国有很大影响,他认为美是感性的特性,通过它美引起爱或其他类似的激情。

❷ 指德国美学家鲍姆嘉登(Alexander Gottlieb Baumgarten,1714—1762)和其他理性主义美学家。

❸ 门各斯(Raphael Mengs,1728—1779),德国画家兼艺术理论家,他的那部著作的全名应是《关于美以及绘画中的趣味的断想》(*Gedanken über die Schönheit und über den Geschmack in der Malerei*,1762);他认为美是"物质的灵魂"。

就不再强制；同样，一旦事物的现实性即物质的真实性同形式的真实性即必然的法则相契合，心情就会比较自由地、平静地接受事物的现实性即物质的真实性，只要直接的观照伴随着抽象，心情就不会再由于抽象而感到紧张。总之，一句话，当心情与观念相结合时，一切现实的东西都失去了它的严肃性，因为它变小了；当心情与感觉相遇合时，一切必然的东西就放弃了它的严肃性，因为它变得轻松了。

但是，您也许早已想反驳我，把美当作纯粹的游戏，这岂不是贬低美，岂不是把美同一向被叫作游戏的那些低级的对象等量齐观吗？美是文明的工具，如今局限于纯粹的游戏，这不是与美的理性概念以及美的尊严相矛盾吗？游戏即使摒弃了一切趣味也可以存在，如今把它仅仅限于美，这不是与美的经验概念相矛盾吗？

我们已经知道，在人的一切状态中，正是游戏而且只有游戏才使人成为完全的人，使人的双重天性一下子发挥出来，既然如此，那么究竟什么是纯粹的游戏？您根据您对这个问题的意象认为是限制，我根据我已经用证据加以证明的我自己对这个问题的意象称为扩展。因此我要反过来说，人对舒适、善、完美只有严肃，但他同美是在游戏。当然，我们不能一谈到游戏，就想到现实生活中进行的、通常只是以非常物质性的对象为目标的那些游戏，但要在现实生活中寻找这里所谈到的美也是枉费心机。实际存在的美同实际存在的游戏冲动是相称的；但是由于理性提出了美的理想，同时也就提出了人在他的一切游戏中应该追求的理想。

如果一个人在为满足他的游戏冲动而走的路上去寻求他的美的理想,那是绝不会错的。希腊各民族在奥林匹斯赛会上寻欢,是通过不流血的力量、速度、灵巧的比赛以及更高尚的智力竞赛,而罗马民族则是通过一个倒在地上的格斗士或他的利比亚对手①的垂死挣扎得到满足的。根据这一点我们可以理解,为什么我们不在罗马而在希腊寻找维娜斯、尤诺、阿波罗的理想形象②。可是理性说:美的事物不应该是纯粹的生活,不应该是纯粹的形象,而应是活的形象,这就是说,所以美,是因为美强迫人接受绝对的形式性与绝对的实在性这双重的法则。因而理性作出了断言:人同美只应是游戏,人只应同美游戏。

说到底,只有当人是完全意义上的人,他才游戏;只有当人游戏时,他才完全是人③。这个道理此刻看来也许有点似是而非,不过如果等到把它运用到义务和命运这双重的严肃上面去的时候④,它就会

---

① 即狮子,罗马的格斗士与狮子决斗,人们以此来取乐。
② 如果我们(就近代世界而言)把伦敦的赛马,马德里的斗牛,昔日巴黎的马戏,威尼斯的赛船,维也纳的赛兽以及罗马乘车游览等愉快而美好的生活加以比较,不难看出,这些不同民族的趣味彼此各有细微的差别。可是也表明,这些不同国家的民间游戏远不像这些国家上流社会的游戏那样单调,这是很容易解释的。——原作者注
③ 这里所说的"游戏",就是同时摆脱来自感性的物质强制和理性的道德强制的人的自由活动。
④ 什么地方仅仅是义务的严肃和命运的重压在支配人,那里的人就不可能愉快。而美对这种严肃和重压起着熔解的作用,因而当人游戏的时候,他就是完全的人,因为他不再感到义务的严肃和命运的重压。

获得巨大而深刻的意义。我可以向您保证,这个道理将承担起审美艺术以及更为艰难的生活艺术的整个大厦。其实,也只是在科学中这个命题才令人感到意外,而在艺术中以及在艺术最高贵的大师希腊人的感情中它早已存在并起着作用,只不过希腊人把在地上应该做的事情移到奥林匹斯山上罢了①。以这一命题的真理为指导,希腊人既让使凡人的面颊皱纹纵横的严肃和劳作,也让使空空的脸面露出光泽的无聊的快乐都从幸福的群神的额头消失,他们使永远知足者摆脱任何目的、任何义务、任何忧虑的枷锁,使闲散与淡泊成为值得羡慕的神境的命运(命运只是为了表示最自由最崇高的存在而用的一个更合人性的名称)。不管是自然法则的物质压迫,还是伦理法则的精神压迫,都由于希腊人对必然有更高的概念而消失了,这个概念同时包括两个世界,而希腊人的真正自由就是来自两个世界的必然性之间的统一。在这种精神鼓舞下,希腊人在他们理想的面部表情中既不让人看到爱慕之情,同时也抹去了一切意志的痕迹,或者更确切地说,使两者都无法辨认,因为他们懂得把这二者在最内在的联系中结合在一起。尤诺·路多维希②雕像那张壮丽的脸要向我们说的,既不是优美也不是尊严,不是二者中哪一个,因为她同时是二者。在女神要求我们崇敬

---

① 参见第六封信第 2 段。
② 尤诺·路多维希,是罗马神话中的女神,尤皮特的妻子。因她的地位和职能与希腊神话中的赫拉相同,常被当作赫拉。这里席勒实际指的是赫拉。

的同时,神一般的女子又点燃了我们的爱;但是,当我们沉浸于天上的娇丽时,天上的那种无所求的精神又吓得我们竭力回避。这个完整的形体就静息和居住在它自身之中,是一个完全不可分割的创造,仿佛是在空间的彼岸,既不退让也不反抗;这里没有与众力相争的力,没有时间能够侵入的空隙。我们一方面不由自主地被女性的优美所感动,所吸引,另一方面又由于神的尊严而保持一定的距离,这样我们就处于同时是最平静和最激动的状态,这样就产生了那种奇异的感触,对于这种感触知性没有概念,语言没有名称。

第十六封信

我们已经看到,美是从两个对立冲动的相互作用中,从两个对立原则的结合中产生的,因而美的最高理想就是实在与形式尽可能最完美的结合和平衡。但是这种平衡永远只是观念,在现实中是绝对不可能达到的。在现实中,总是一个因素胜过另一个而占优势,经验能做到的,至多也是在两个原则之间摇摆,时而实在占优势,时而形式占优势。因此观念中的美永远是一种不可分割的单一的美,因为只可能有惟一的一种平衡,而经验中的美则永远是一种双重的美,在摇摆时可以以双重的方式即从这一边和另一边打破平衡。

我在前面的一封信①中已经谈到,而且从迄今为止的论述的联系中也可以以严格的必然性得出结论,美同时起着松弛作用和紧张作用,松弛作用就是使感性冲动与形式冲动各自停留在自己的界限之内,紧张作用就是使二者都保持自己的力。但是美的这

---

① 指第十三封信。

两种起作用的方式,按照观念从根本上来说只是一种方式。美起松弛作用,是因为它使两种天性同样地紧张起来;美起紧张作用,是因为它使两种天性同样地松弛下来。这一点从相互作用这个概念就可推论出来,根据这个概念两个部分必然同时互为条件,又彼此制约,它们最纯洁的产物就是美。但是经验没有提供任何如此完美地相互作用的例证,而是随时都或多或少地有这样的情况:不平衡造成缺陷,缺陷造成不平衡。因此,在理想美当中,仅仅在意象中有所区别的东西,在经验美当中就是不同的存在。理想美虽然是不可分割的,单纯的,但在不同关系中显示出熔解的和振奋的特性,而在经验美中就有熔解性的美和振奋性的美。情况就是这样,而且在所有置绝对于时间的限制之中,人性中理性观念应予实现的情况下都将是如此。所以,反思的人想的是美德、真理、至乐,而行动的人仅仅是行美德之事,握真理之物,享至乐之时,把后者回溯到前者,即以伦理道德代替习俗,以认识代替知识,以至乐代替幸福,这是物质和道德教育的职责;把多种美变成一种美,这是审美教育的任务。

振奋性的美不能防范人有某些粗野与冷酷的痕迹,正如熔解性的美不能防止人有某种程度的软弱和衰竭一样。因为前者的作用是在物质和精神方面使心情紧张,增加它的反应力,所以容易发生这样的情况:气质和性格的反抗削弱了对印象的感受,较为温柔的人道受到本来只是针对粗野天性的压制,粗野天性也分享了本来只有自由人格应得的力的增加。因此,在力与(物质)丰富的时代,人们常常看到真正的伟大与狂妄冒险结下不解之缘,意向的崇高与情欲的最可恶的发作相伴而生;因此,在规则与形式的时代,我们不时会感到自然既受控制也受压制,既被超越又被凌辱。因为熔解性的美的作用是在精神与物质方面使心情松弛,所以又容易出现这样的情况:情感的潜能也随着欲望的暴力被窒息,性格也分担了本来只是针对情欲的力的减少。所以,在所谓的文明化了的时代,人们常常看到,柔和蜕化成软弱,广博蜕化成肤浅,准确蜕化成空洞,自由蜕化成任性,轻快蜕化成轻佻,冷静蜕化成冷漠,最可憎的漫画与最庄严的人性混为一谈。对于不是受物质的就是受形式的强迫的人来说,熔解性的美是一个需要,因为他在开始感受到和谐与优美之前,早已被伟大与力所触动。对于受到趣味宽恕的人来说,振奋性的美是一种需要,因为他在文明化的状态中太喜欢忽略一种他从粗野状态中带来的力。

我认为,人们在判断美的影响和评价审美修养时常常遇到的那个矛盾①,现在已经说明,已经解答。只要我们想到,经验中有

---

① 在第十封信中席勒指出,在经验中可以找到许多例证说明美起了好的作用,同时也可以找到同样数量的例证说明美起了不好的作用,正因为如此,人们对美的作用的判断和对审美修养的评价也有两种截然相反的意见。在这封信中,席勒提出这种矛盾的产生是因为人们所根据的美的概念来自经验,而要真正说明美的作用必须通过抽象找到一个美的理性概念。席勒认为,现在这个矛盾已经解决,因为已经阐明观念中的理想美是不可分割的单一的美,而经验中的美是双重的美。

一种双重的美,整体的这两个部分所坚持的,只是各自以自己的特殊方式能够证明的东西,这个矛盾就说明了;只要我们区分开与双重的美相适应的人类的那种双重需要,这个矛盾就解决了。所以只要这两部分彼此了解,它们在思想中是哪一种美,是哪一种形式的人性,它们就有可能有存在的权利。

因此,我们下面的研究要把审美意义上的自然同人所走的道路当作我的道路,从美的各种种类提高到美的总体概念。我要在紧张的人身上检验熔解性美的作用,在松弛的人身上检验振奋性美的作用,从而最后使美的两种对立的种类变成理想美的一体性,人性的两种对立的形式变成理想人的一体性①。

---

① 在以后几封信中,席勒实际上只谈了"熔解性美"的作用,而没有深入谈"振奋性美"的作用。在另一篇论文《论崇高》中,席勒谈到了"振奋性美"的作用,至于这两种美如何成为"理想美",在这篇论文中也未谈及。

第十七封信

只要我们仅仅从人的天性的概念来推导美的一般概念,除了直接植根于人的天性的本质,并与有限的概念不可分割地联系在一起的局限外,我们就不必去想人的天性还会有什么别的局限。理性是一切必然的源泉,我们是直接从理性中汲取人的天性的概念,而不考虑它在现实的表现中可能受到的各种偶然的限制,因此有了人的理想也就有了美的理想①。

不过,现在我们要从观念的领域下降到现实的舞台,考察一下处于特定状态的因而也是处于限制之下的人,从而证明这些限制本来不是来自纯粹的人的概念,而是由于外在的环境以及偶然地使用人的自由而产生的。人性的观念在人身上受限制的方式是多种多样的,但不管有多少种,人性的纯粹内容已告诉我们,总的来说只有两种对立的离开人性的偏颇。就是说,如果人的完善是在

---

① 人性概念的圆满完成就是美,关于这一论点的详细阐述请参见第十五封信第5段。

他的感性力和精神力的和谐一致的振奋之中,那么他只可能因此而失去完善:不是由于缺少和谐一致,就是由于缺少振奋。在我们尚未倾听经验为此提供的证据之前,我们预先就已经通过纯粹的理性确信,我们将会发现现实的人因而也就是受到限制的人不是处在紧张状态就是处在松弛状态,根据不同的情况,不是单个力的片面活动破坏了他的本质的和谐,就是他天性的一体性是建立在他的感性力和精神力的同样松弛的上面。正如我们将要证明的,两种对立的限制将通过美来消除,美在紧张的人身上恢复和谐,在松弛的人身上恢复振奋,并以这样方式本诸其本性把受到限制的状态再带回到绝对状态①,使人成为一个他自身就是完整的整体。

因此,美在现实中绝不会否定我们在抽象推理中为它定下的概念,只不过在现实中美的自由活动的余地比起在抽象推理中要小得多,因为在抽象推理中我们可以把它用于纯粹的人的概念。在经验所提供的人的身上,美遇到的已经是腐败的然而还在进行反抗的材料,它从美那里夺去的理想的完善正好同它给美掺进去的它自身的个体特性一样多②。因此美在现实中处处都表现为只是一种特殊的、受到限制的变体,而永远不会是纯粹的整体。在紧

---

① 即未受到任何限制的、纯粹的人的状态。
② 美在经验中作用的对象,并不是观念中的理想人,而是受到种种限制的现实的人。为了弥补他的缺陷,现实的人夺走美的一部分特性,同时也把他自己的个性特征掺在美里面。

张的心情中,它将放弃它的自由和多样性;在松弛的心情中,它将放弃它那使一切富有生气的力。不过,如果我们了解了美的真正性质,它这种自相矛盾的表现也就不会使我们迷惑。我们不会追随大多数判断家,从个别经验中去规定美的概念,把人在美的影响下显出的缺陷归罪于美,相反我们知道,恰恰是人把他的个性的不完善转嫁给了美,是人通过他主观的限制为美的尽善尽美不断设置障碍,把美的绝对理想降低成两种受到限制的表现形式①。

我曾经断言,熔解性的美适用于紧张的心情,振奋性的美适用于松弛的心情。但是我说的紧张的人,既指处于感觉强迫之下的人,也指处于概念强迫之下的人②。两种基本冲动中的任何一种,如处于单独统治地位对人来说都是一种强迫和强制的状态,而自由只有在人的两种天性共同作用时才会有。因此,片面地受情感控制的人,或曰感性紧张的人,须通过形式得以松弛,获得自由;片面地受法则控制的人,或曰精神紧张的人,须通过物质得以松弛,获得自由。为了实现这双重的任务,熔解性的美就显出两种不同的形体。第一,它作为宁静的形式和缓粗野的生活,为从感觉过渡到思想开辟道路;第二,它以活生生的形象给抽象的形式配备上感

---

① 席勒认为,美在现实中所起的种类繁多甚至是自相矛盾的作用,并不是来自美的一般概念,而是由于人在经验中受到种种限制而造成的,因而不能根据经验中的事实来确定美的概念。
② "紧张"是由于两种冲动中任何一种处于统治地位而造成的,因此"紧张"就是缺少和谐一致,失去平衡。

性的力,把概念再带回到观照,把法则再带回到情感。在第一种情况下,它是为自然人服务,在第二种情况下,它是为文明人服务。但是,因为在这两种情况下,熔解性的美都不是自由地支配它的对象,而是依附于不是无形式的自然就是反自然的艺术所提供给它的情况,因而在这两种情况下它都带有原来的痕迹,在前一种情况下会更多地陷入物质生活,在后一种情况下会更多地陷入纯粹的抽象形式①。

　　为了能够弄清为什么美能成为消除这两种紧张的手段,我们必须研究这两种紧张在人的心情中产生的根源。因此,请您下决心在抽象推理的领域再停留一个短时期,以便然后永远离开这个领域,以更加坚定的步伐在经验的原野上继续前进。

---

① 美不能自由地发挥它的作用,它受到它作用对象的限制,因此它实际发生的影响就带有它作用对象的痕迹。如果它影响的是片面地受情感控制的自然人,也就是无形式的自然,它就会陷入物质生活;如果它影响的是片面地受法则控制的所谓"文明"人,即反自然的艺术,它就会陷入抽象的形式。

第十八封信

感性的人通过美①被引向形式与思维,精神的人通过美被带回到物质,又被交给感性世界。

从这里好像可以得出结论:在物质与形式,受动与能动之间必定有一个折中状态,而美就是把我们放到这个折中状态之中。实际上,只要对美的作用开始进行反思,绝大多数人也会对美形成这样一种概念,而且一切经验也都表明了这一点。但是,另一方面,再也没有比这样一个概念更不合理、更矛盾的了,因为物质与形式、受动与能动、感觉与思维之间的距离是无限的,任何东西都绝不可能居中调和。那么,我们怎么来解决这个矛盾呢?美把感觉与思维这两种对立的状态联结起来,可是又没有介于这两者之间的折中物。前者是由经验确定的,后者是由理性直接确定的。

这就是有关美的全部问题最后要归结到的要点,我们如能圆

---

① 这里讲的美是指"熔解性"的美。

满地解决这个问题,我们同时也就找到了贯穿美学全部迷宫的线索①。

不过重要的是,这里有两种极不相同的研究方式,它们在我们研究时必须相辅而行。我们说,美把两种对立的、永远也不会合而为一的状态彼此联结起来。我们必须从这种"对立"出发,我们必须完全彻底地、严格地理解和承认这种"对立",从而使这两种状态最确定地分离开来;不然的话,我们就是把它们相混合,而不是相统一。其次,我们说,美把两种对立的状态结合在一起,这样美也就扬弃了对立。因为这两种状态永远是彼此对立的,所以除了把它们扬弃之外没有别的办法可以使它们相结合。

因此,我们的第二项工作,就是使这种结合达到完善的程度,完全彻底地实现这种结合,从而使这两种状态在第三种状态②中彻底消失,在整体中不留任何分割的痕迹;否则我们就是把它们分离成一个个的个体,而不是把它们相统一。过去乃至现在哲学界就美的概念的一切争论都由此而产生:不是在研究时不从理所当

---

① 席勒认为,一方面美把感觉与思维这两种对立的状态联结起来,另一方面又不存在一个介于这两者之间的折中物,这是美学碰到的主要矛盾;这个问题圆满解决了,就等于抓住了美学全部问题的线索。

② 这里所说的"第三种状态"与前面所说的"折中状态"不同,后者是设想的,前者是实际存在的。物质与形式是彼此对立的,各自独立的,因而它们永远不可能合而为一。只有这两种对立的状态彻底被扬弃,才会产生一种新的状态,不过这已经不是居中调和这两种对立状态的"折中状态",而是独立于这两者之外的"第三种状态"。

然的严格区别开始,就是研究并没有达到完全彻底的统一。有一部分哲学家在反思这种对象时盲目地听任他们情感的支配,他们不可能得到一个美的概念,因为他们在感官印象的总体中区分不出个别来。另一部分哲学家仅仅把知性当作指南,他们也不可能得到一个美的概念,因为他们把美的整体只不过看作是一种个别,即使精神与物质成为最完善的一体,对他们来说这二者仍然是永远分离的①。第一种人担心,若是把在情感中相结合的东西再分离开来,就会从动力学方面把美扬弃,即扬弃了美的作用力;第二种人担心,若是把在知性中相分离的东西再综合起来,就会从逻辑学方面扬弃美,即扬弃美的概念。前一种人的意愿是,美怎么起作用他们就怎么思考它;后一种人的意愿是,他们怎么思考美就让美怎么起作用。因此,这两部分人都必然不会获得真理,因为前者想要以他们那有限的思维功能去仿效无限的自然,后者想要按照他们的思维法则去限制无限的自然。第一部分人担心,分解过于严格就会夺去美的自由;另一部分人担心,统一过于大胆就会破坏美的概念的确定性。但是,前者没有想到,他们非常正确地归之于美的本质的那个自由,并不是不受法则制约,而是各种法则的和谐,并不是随意的任性,而是最高的内在必然性;后者也没有想到,他

---

① 情感(即自然)是统一一切的,知性是分解一切的;因而如若只受情感的支配,就只看到感官印象的整体而看不到个别,只承认在情感中的统一不承认事实上的对立;同样,如若只受知性的指导,就只看到相分离的个别看不到相统一的整体,只承认对立不承认有相结合的可能。

们同样正确地要求于美的那个确定性,并不是要排斥某些实在,而是要绝对地包括一切实在,所以它不是有限,而是无限①。我们将会避开这两部分人所以搁浅的暗礁,倘若我们从美在知性面前分成的两个因素开始,但随后又上升到纯粹的审美一体性,美就是通过这种一体性对感觉发生作用,那两种状态在这个一体性中将彻底消失②。

---

① 这里说的"有限"指的是"个体性","无限"指"整体性",就是说,美的概念的确定性不在于个别的个体性,而在于整体的整体性。
② 在我们作这样的比较的时候,细心的读者一定会看到,唯感论的美学家注重感觉的证据而不注重抽象的推理,因此按事实而言他们比他们的对手(即唯理论的美学家——译者)更接近真理,虽然就审视力而言他们是不能同他们匹敌的;我们看到,自然与科学之间的关系也总是这样。自然(感性)总是在合,知性总是在分,而理性又在合❶。所以,还没有开始进行哲学思考的人,比那些还没有结束其研究的哲学家更接近真理❷。因此一种哲学学说只要按其结论违反一般的感觉,就用不着进一步检验便可宣布它是错误的;但是人们也会同样正确地认为另一种哲学学说是可疑的,假设它按照形式与方法同一般的感觉完全相符合。一个著作家如不能像某些读者所期待的那样,像在炉边闲谈一样陈述哲学推论,他就会以后者为由来自我安慰。一个著作家如想靠牺牲人的知性创立一种新体系,那人们就会以前者为根据使他默然。——原作者注

❶ 席勒认为,自然(感性)、知性、理性是认识的三个阶段,也就是合——分——合的过程。
❷ 所谓"还没有开始进行哲学思考的人",就是没有进入知性尚处于自然(即感性)阶段的人,"还没有结束其研究的哲学家"是指已经进入知性阶段,但尚未进入理性阶段的人。

第十九封信

在人身上总是可以区分出被动的可规定性和主动的可规定性两种不同的状态以及被动的规定和主动的规定两种不同的状态①。说明这个命题是我们到达目标的捷径。

在感官印象给人以规定②以前,人的精神状态是一种无边的可规定性。无穷的空间和时间供人的想象力自由使用,而且因为前提是在这个可能性的广阔领域中没有任何固定的东西,所以也就无须排除任何东西,我们可以把这种无规定状态称为空的无限,但绝不可把这同无限的空混为一谈。

现在感官被触动了,从无穷可能的规定中只保留下惟一的一种现实性。人身上产生了一种意象。前一种状态是单纯的可规定性状态,凡是在那种状态中作为空的功能而存在的,现在成了一种作用力,有了一个内容;但作为作用力它同时也有了界限,因为作

---

① 关于这一论断的说明可参见第二十一封信的开头。
② 意指精神有了特定的目标和方向,从而也就有了一定的内容,同时思维也就被限制在这个内容之中。

为单纯的功能它是没有界限的。所以有了实在性,但失去了无限性。为了在空间描绘一个形体,我们必须给无限的空间划定一个界限;为了对时间中的变化有一个意象,我们必须把时间的整体划分成部分。所以,我们只是通过限制才得到了实在,通过否定或排除才得到肯定或真正的固定①,通过扬弃我们自由的可规定性才得到规定。

假使不存在某种可以排除的东西,假使不是通过精神的绝对的实际活动把否定同某种肯定的东西联系起来,把不固定变成对立②,那么单纯的排除永远演变不成实在,单纯的感官感觉永远变不成意象。这种内心的活动叫作判断或思维,而这种活动的结果叫作思想。

在我们尚未在空间规定一个地点之前,对我们来说空间根本不存在;但是没有绝对的空间,我们也永远无法规定一个地点。时间也是这样。在我们还没有瞬时时间之前,对我们来说时间也根本不存在;但是没有永恒的时间,我们也永远不会有瞬时时间的意象。因此,我们固然只是通过部分才及整体,通过有界限才及无界

---

① 我们要得到一个特定的意象(Vorstellung),就必须在空间或时间中确定一个点;我们要得到一个实在,就必须对无限加以限制。这样,我们只有把凡不等于 A 者加以排除或否定,才能达到 A 的固定。

② 不固定只是无穷的可能性,因而不是实在;但如果固定了而不与另外一种东西相对立,也显不出它的存在。因此必须把被限制的空间或时间同永恒的空间或时间相对立,才能通过限制显出实在。

限;但也只是通过整体才及部分,通过无界限才及有界限①。

当我们断言,美为人开辟了从感觉过渡到思维的道路时,我们对此绝不可作这样的理解,好像通过美就能把使感觉同思维,承受同能动分离开来的那条鸿沟填平。这条鸿沟是无限的,若没有一种新的、独立的功能②居中调和,个别永远不可能变成什么一般,偶然永远不可能变成什么必然。思想是这种绝对功能的直接行动。这种绝对功能的外显固然必须由感官引起,但它的外显本身并不依赖于感性,相反它是通过与感性的对立③而显示自己的。绝对功能的这种活动的独立性把任何外来的影响都排除在外;美所以能成为一种手段,把人从物质引向形式、从感觉引向法则、从一个受限制的存在引向绝对存在,这并不是因为它帮助思维(这里的矛盾是显而易见的)④,而仅仅因为它为思维力创造了可以根据思维力自身的规律来进行外显的自由。

但这里必须有一个前提,就是思维力的自由是可以被阻碍的,而这一点看来又和独立功能的概念相冲突。这也就是说,一种功能,如果它只从外界接受它所作用的物质,那么,它的作用也只能通过夺取物质,即只能从消极方面受阻;因此,给感性的激情硬加

---

① 只有通过与个别、有限进行对照才能显出一般、无限;但为要思考个别、有限,必须把一般、无限考虑在内。
② 这种新的、独立的功能就是思维力(Denkkraft)。
③ 即通过对感官印象的抽象。
④ 因为思维是独立的,不可能受其他力的影响。

上一种能够从积极的方面压制心绪自由的力,那是误认了精神的本性。经验固然提供了大量的例证,说明当感性力更强烈地起作用的时候,理性力在这种情况下看来也受到压制,但是必须通过精神的弱来说明情感的过于强,而不能通过情感的强来推论精神的弱;因为除非精神自愿地停止不再作为一种支配力,否则感性是不可能对人构成一种支配力的①。

但是,在我通过上述说明试图反驳一种非议的时候,看来我又被卷进另一种非议之中,好像我只是靠牺牲心绪的一体性来拯救心绪的独立性。因为假使心绪本身不是分裂的,假使心绪本身不是对立的,它怎么可能从它自身中同时取得非能动性和能动性②的基础呢?

这里我们必须想到,我们所谈的是有限的,而不是无限的精神。这种有限的精神只有通过承受才会变成能动的③,只有通过局限才会达到绝对,只有在它接受物质的情况下,它才动作,才起创造作用。因此,有限精神总是要把要求形式或绝对的冲动同要求物质或局限的冲动联结在一起,如若没有这样的结合作为条件,它就既不可能有也不可能满足第一种冲动。至于在

---

① 席勒认为,在一般情况下,感性力或理性力并不是一种压制对方的支配力。
② 非能动性(Nichttätigkeit)指感官感觉,能动性(Tätigkeit)指思维。精神是一体的,因而在精神之中不可能有这两种对立活动的基础。
③ 有限精神(endlicher Geist)是通过承受即感官感觉而达到能动即思维的。

同一个实体中两种对立的倾向能在多大范围内共存,这个问题虽能使形而上学家感到狼狈,但不会使先验哲学家感到为难。先验哲学家绝不冒充他能说明事物的可能性,他只满足于确定知识,从这些知识中可以理解经验的可能性。没有心绪的绝对一体性,便不可能有经验,同样没有心绪中的对立,也不可能有经验。所以先验哲学家完全有理由把这两种概念都看作是经验的两个同样必要的条件,不必进一步考虑这两者是否可以结合。另外,只要我们把精神本身同这两种基本冲动区别开来,这两种基本冲动的共存就绝不与精神的一体性相矛盾。诚然,这两种冲动存在于精神之中,并在其中起作用,但精神本身既非物质也非形式,既非感性也非理性。这一点有些人①好像总是想不到,因此只有当人的精神的活动方式与理性相一致时他们才承认人的精神是自主活动,而当它的活动方式与理性相违背时他们就宣布精神纯粹是被动的。

这两种基本冲动中的任何一种,只要有所发展,按其本性它就必然地要求得到满足。但是正因为两者都是必然的,而且它们追求的对象又是对立的,所以这种双重的强制就相互抵消,意志在它们之间保持了完全的自由。因而正是意志(作为现实性的原因)②

---

① 如莱布尼茨。
② 意志通过选择使某种东西成为现实。

对这两种冲动都具有支配力,而这两种冲动中的任何一种本身都不可能支配另外一种。一个强暴的人,即使有从事正义事业的最积极的推动力(这种推动力他是绝不会没有的),他也不会不干不义之事;一个刚毅勇敢的人,即使受到贪图享受的最强烈的诱惑,他也不会破坏他的原则。人身上除了他的意志以外再没有别的支配力,只有像死亡和失去意识这种可以消灭人的东西,才能废弃人的内在自由。

我们身外的必然是借助感官感觉来规定我们的状态,规定我们在时间中的存在。这种感官感觉是完全不能自主的,所以怎样作用于我们,我们就得怎样承受。同样,我们身内的必然所以能展现出我们的人格性也是由于感官感觉的刺激和同感官感觉的对立。自我意识①不可能依赖于意志,意志以它为前提,因而人格性的这种原始显示就不是我们的功绩,不显示也不是我们的错误②。我们只向意识到自我的人要求理性,即要求他的意识绝对一贯和概全一切;在此之前他还不是人,因而不能期待他会有人的行为。形而上学家无法说明由于感觉自由独立的精神所受的限制,而物理学家又无法理解由于这种局限的产生在人格性中所显示出的无

---

① 我们是依据自我意识主动地对感觉进行加工的,因而自我意识是内在必然的表现,不是自由意志。

② 自我意识是人格性的原始显示,不是我们的意志的产物,因而它显示与否同我们(即意志)无关。

限性。不论是抽象,还是经验,都不会引导我们再回到产生普遍性与必然性概念的那个源泉;观察家看不到这个泉源在时间中的原始表现,形而上学的研究者不了解它那超感性的根源。但是,既然有了自我意识以及它那永不改变的一体性,这就足以给凡是为了人而存在的一切和通过人而形成的一切,给人的认识和行动设立了一体性的法则。关于真理和合理性的概念①,早在感性时期就不可逃避地、不可假托地、不可理解地显现出来了;人们在时间中看到永恒,在一系列的偶然中看到必然,虽然说不出这自何而来,如何产生的。感觉与自我意识就是这样产生的,完全不借助于主体的帮助;两者的渊源都在我们认识范围的彼岸,因而同样也在我们意志的彼岸。

但是,如果感觉与自我意识都现实地存在,就是说,人依仗感觉已体验到一种特定的存在,通过自我意识已体验到他的绝对存在,那么他的两种冲动也就随着它们的对象而活跃起来。感性冲动随着体验到生活(即随着个体性的开始)而觉醒,理性冲动随着体验到法则(即随着人格性的开始)而觉醒,只有在这时,即两种冲动都成为实际存在以后,人的人性才建立起来。直到人性建立起来之前,人身上的一切都是按照必然的法则发生的;现在人脱离了自然的保护,由他自己来维护自然在他身上设置并启开的人性。

---

① 参见第十二封信中第4段。

也就是说,只要两种基本冲动在人身上一活动,这两者就失去了他们的强制,两种必然的对立成了自由的产生源泉①。

---

① 为了避免引起各种误解,我必须注明,这里常常谈到的自由,并不是指人作为灵智必然具有的那种自由,这种自由既不可能给予也不可能夺走;我们所说的自由,是建立在人的混合天性❶之上的自由。一般的人只是理性地从事,这就表明他有第一种自由;人在受物质限制的情况下仍理性地从事,在理性法则的支配下仍物质地行事,这表明他有第二种自由。后一种自由,人们完全可以把它理解为前一种自由的一种天然的可能性。——原作者注
❶ 即感性与理性兼而有之的天性。

第二十封信

自由是不能支配的,这单从它的概念中就已经看得出;自由是自然(自然这个词取其最广的意义)产生的一个作用,而不是人的作用,因而它能够通过自然的手段加以促进和阻碍,这是前面所述的必然结论。如果人是完全的,他的两种基本冲动都已经发展,他就开始有自由;相反,当人是不完全的,两种冲动中有一种被排除的时候,他就必定没有自由;不过,通过重新给人以"完全",自由也必定能够再恢复起来。

所以实际上不论在全人类之中还是在个别人身上,都可看到那样的时刻,人还不是完全的,两种冲动中只有一种在人身上活动。我们知道,人始于单纯的生活,终于形式,他作为个人比作为人格时间更早,他是从限制出发而走向无限。因此感性冲动发生作用比理性冲动早,因为感觉先于意识。感性冲动先行这一特点是我们了解人的自由的全部历史的钥匙。

确有那样的时刻,因为形式冲动还没有抵制生活冲动,因而生活冲动就作为自然和必然而进行活动,因为人还没有开始成为人,在人身上除了意志以外不可能有别的支配力①,所以感性就成为一种支配力。但是现在人须向思维过渡,而在思维状态中正好相反,理性又成了支配力,逻辑的或道德的必然代替了物质的必然。这样,在法则未能提高到居支配地位之前,必须先消灭感觉的那种支配。就是说,仅仅让原来没有的东西现在开始,这是不够的;在此之前还必须让原来有的东西停止存在。人不可能直接从感觉转入思维,他必须后退一步,因为只有一种规定又被消除,另外一种相反的规定才能出现。因此,为了把承受调换成自主,把被动的规定调换成主动的规定,人必须暂时摆脱一切规定,经历一种纯粹的可规定性状态。所以,人必须以某种方式再回到纯粹的无规定的否定状态,在没有任何东西给他的感官以某种印象之前他曾经处在这样一种状态。那时这种状态完全空无内容,而现在最重要的是,把同样的无规定性以及同样无限的可规定性同最大可能的内容统一起来,因为从这种状态中须直接产生出某种肯定的东西。这样就必须牢牢抓住他原来通过感官所接受的规定,因为他不能失去实在性;同时只要这种规定还是一种限制就必须消除,因为须得有一个不受限制的可规定性。因此,现在的任务,就是既要消除又要保持状态的规定,

---

① 在人的身上,也就是在"完全"人的身上,只有意志是支配力,感性和理性都不是支配力,它们都不起决定、支配的作用,当人只受感性支配的时候,人还没有开始是人,他还不是"完全"的人。在这种情况下,人还没有自由意志,感性就成了支配、决定一切的支配力。

而实现这一任务只可能有一种方式,即置另一种规定于这种规定的对立面①。

天平的两个秤盘空着的时候是平衡的,两边放着的东西重量相等时它们也是平衡的。所以心绪从感觉过渡到思想要经过一个中间心境,在这种心境中感性与理性同时活动,但正因为如此,它们那起规定作用的力又相互抵消,通过对立引起了否定。在这种中间心境中,心绪既不受物质的也不受道德的强制,但却以这两种方式进行活动,因而这种心境有理由被特别地称之为自由心境。如果我们把感性规定的状态称为物质状态,把理性规定的状态称为逻辑的和道德的状态,那么这种实在的和主动的可规定性的状态就必须称为审美状态②。

---

① 规定作为一种片面的力所引起的结果必须消除,但按其内容又必须保持它,为此就必须通过来自另一种力的反作用使之达到平衡。如果感性与理性同时活动起来,心绪就不再仅仅限制在个别的感官感觉之上,而是面向外在世界的全部内容。这样,不受限制的可规定性就同最大限度的内容统一起来了。

② 由于无知,这个词常被人们任意滥用,因而它的真正含义并不为某些读者所熟悉,下面就想为他们作点解释。在想像中可能出现的一切事物,可以处在四种不同的关系之中。一件事可能与我们的感性状态(我们的生存与康宁)有关,这是它的物质性质;或者它可能与我们的知性有关,给我们以认识,这是它的逻辑性质;或者它可能与我们的意志有关,是理性的人进行选择的一种对象,这是它的道德性质;最后或者,它可能与我们各种力的整体有关,而不是其中任何一种单独力的一种特定的对象,这是它的审美性质。一个人可能由于他的殷勤而使我们觉得可亲,可能由于他的闲谈而启迪我们的思想,可能由于他的性格而引起我们的尊敬;最后也可能与这一切都无关,我们在判断他时既不考虑某种法则也不考虑某种目的,仅仅由于观察和通过他的种种表现使我们喜欢他。在最后一种情况下,我们对他的判断是审美的。(接下页)

(接上页)所以,有健康的教育,有审视力的教育,有道德的教育,也有趣味和美的教育。后一种教育的意图是,在尽可能的和谐之中培养我们的感性力和精神力的整体。可是,因为人们受一个虚假趣味的引诱,并由于一种虚假的论证使这种谬误在他们心中更加根深蒂固,因而他们很喜欢把任性的概念掺到审美的概念里,所以我在这里还得作一点多余的说明(虽然这些关于审美教育的书简几乎不谈别的,只是在驳斥这种谬误):心绪在审美状态中的活动虽然是自由的,在最高的程度上摆脱了一切强迫,但它绝不是脱离开法则而活动❶,这种审美自由同思维时的逻辑必然以及愿望时道德必然的区别,仅仅在于心绪在此所遵循的法则并没有成为意象❷,而且因为这些法则没有遇到任何反抗所以并没有作为强制而出现。——原作者注

❶ 既不受一切外在的强制,又遵循自身所具有的法则。席勒的这个论断是试图调和德国古典主义者所主张的严格遵守规则与德国狂飙突进派作家所奉行的那种不要任何法则的任性之间的矛盾。

❷ 就是说,在行动时并没有想到那些应该遵循的法则,而是在实际中"自动地"遵循了应该遵循的法则。。

第二十一封信

我在前面一封信的开头①曾提到,有双重的可规定性状态和双重的规定性状态。现在我可以说明这一命题了。

心绪是可规定的,只要它根本没有被规定;但是如果它不是排他性地被规定,也就是说,它在被规定时没有受到限制,它也是可规定的。前者是纯粹的无规定性(它没有限制,因为它没有实在性),后者是一种审美的可规定性(它没有限制,因为它把一切实在性都统一在一起)。

心绪是被规定的,只要它一般地受到限制;但是如果它从自己的绝对功能出发自己限制自己,它也是被规定的。当心绪感觉时,它处在第一种情况;当心绪思维时,它处在第二种情况②。所以思维之于规定犹如审美状态之于可规定性一样,前者是由内在的无

---

① 第十九封信的开头。
② 感觉时所受的限制是来自外界的限制,思维时所受的限制是来自内在的限制。

穷的力造成的限制,后者是由内在的无穷的丰富引起的否定①。感觉与思维只在惟一的一点上彼此相同,就是心绪在这两种状态中都是被规定的,人绝对地是这个而不是那个——要么是个人,要么是人格②,除此之外感觉与思维总是彼此分离,各趋无限。同这种情况完全一样,审美的可规定性与纯粹的无规定也只是在惟一的一点上相一致,就是两者都排除任何被规定的存在,而在其他一切点上,犹如"无"与"一切"一样它们是无穷地不同的。所以,如果后者即没有内容的无规定可以设想成一种空的无限,那么它的对立面即审美的规定自由就必须看作是充实了内容的无限。这种设想与我们前面研究的结果完全吻合,分毫不差③。

只要人们注意的是一个个别的结果,而不是整个功能,而且看到的是人身上没有特殊的限定,那么就可以说人在审美状态中是个零。所以,我们必须承认,这样的人是完全正确的,他们认为,美以及美使我们的心绪所达到的那种心境对认识和意向是完全无关紧要的,是不会结出任何果实的。他们之所以完全正确,是因为美不提供任何个别的结果,不论是对知性还是对意志,它不实现任何个别的目的,不论是智力的还是道德的,它发现不了任何一种真理,它无助于我们完成任何一项义务;总而言之,美既不善于建立

---

① 即否定了任何特殊的规定或限制。
② 人在感觉时只是个人,人在思维时只是人格,两者是分离的,而不是统一的。
③ 即第十四和十五封信的结论。

性格也不善于启蒙头脑。因此,通过审美的修养,一个人的个人价值或尊严仍然是完全未受规定,只要这种价值或尊严还能依赖于此人而存在;美什么也达不到,除了从天性方面使人能够从他自身出发为其所欲为——把自由完全归还给人,使他可以是其所应是。

但也正因为如此,才达到了某种无限。只要我们想到,人在感觉时由于自然的片面强制和在思维时由于排他性的立法而被剥夺的正好就是这种自由①,那么我们就必须把在审美心境中又还给人的功能看作是一切赠品中最高贵的赠品,即赠予了人性。当然,按照天禀,人在他可能进入的任何一种被规定状态之前就已经具有这种人性,但就事实而言,他随着进入任何一种被规定状态也失去了这种人性;假使他要向另一种相反的状态过渡,那么每一次都得通过审美生活重新把这种人性还给他②。

因此,如果我们把美称为我们的第二"创造者",这不仅从诗

---

① 当心绪处于审美心境之中时,感性冲动与理性冲动同时活动,并由于它们彼此对立而相互抵消,因而心绪就不再受任何强制,处于自由状态。详见第十九封信的结尾。
② 有一些性格能非常迅速地从感觉过渡到思维,因而他们在这段时间必然要经历的审美心境几乎觉不出来,或者根本觉察不到。具有这样性格人的心绪不能长久忍受这种无规定的状态,他们迫不及待地要求一种结果,而这在审美的无限状态中是找不到的。与此相反,有一些人把他们的享受主要放在感受整个功能,而不是放在感受这种功能的个别活动,在这样的人身上审美状态就会向更加广阔的方向扩展。前一种人非常害怕空虚,后一种人无法忍受限制。因此我几乎用不着提醒,前一种人生来就是为了局部,为了卑躬屈膝地干实务,而后一种人——假使他们把实在性同这种功能统一起来的话——生来就是为了整体,为了干大事情。——原作者注

的角度看是允许的，而且从哲学方面看也是正确的。因为，美只是使我们能够具有人性，至于我们实际上想在多大程度上实现这一人性，那就得由我们的自由意志来决定。在这一点上美同我们原来的创造者——自然是一致的，因为自然也只不过给了我们取得人性的功能，至于如何运用这一功能，那要取决于我们自己的意志的决定。

第二十二封信

因此,如果说心绪的审美心境在一种情况下——即人们的注意力只贯注在个别的和特定的作用上——必须看作是零,那么在另外一种情况下,如果人们注意到这里不存在任何限制,注意到在这同一个实在中共同活动的各种力都汇成总体的话,就必须看作是一种实在性程度最高的状态。所以,我们同样也不能说这些人是不对的,他们认为,审美状态在认识与道德方面可以结出最丰硕的果实①。他们之所以完全正确,因为一种心绪的心境既然把人性的整体囊括在自身之中,那么按照功能它也必然把人性的任何个别的外显包括在自身之中;因为一种心绪的心境既然从人的天性的整体中剔除了一切限制,那么它必然也从天性的任何外显中剔除了一切限制。正因为它并不单独保护人性的任何一种个别的功能,所以它对任何一种功能都毫无区别地一律有利,而且正因为

---

① 这一观点与第二十一封信(特别是第4段)的观点是从不同的角度对同一问题的阐述。

它是一切功能成为可能的基础,所以它并不特别地为任何一种个别的功能单独提供方便。一切其他的训练都会给心绪以某种特殊的本领,但也因此给它划了一个界限,惟独审美的训练把心绪引向不受任何限制的境界。我们可能进入的任何一种其他的状态,都指示我们要回顾前一种状态,而且在分析它时还需要看到下一种状态;惟独审美状态是自成一体,因为它把它的起源以及得以延续的一切条件都统一在自身之中。只是在审美状态中,我们才觉得我们像是脱开了时间,我们的人性纯洁地、完整地表现了出来,仿佛它还没有由于外在力的影响而受到任何损害。

  凡在我们的感官在直接感觉中觉得舒服的东西,都为温柔而灵活的心绪接受任何一种印象打开了大门,但在同样程度上也使我们不去奋发图强;凡是使我们的思维力紧张起来并把它邀请到抽象概念中去的东西,都使我们的精神增强了进行各种抵抗的力量,与此同时也使我们的精神变得冷漠严酷,夺去了我们的感受性,虽然作为补偿也帮助我们取得了更大的自主性。所以,不论前者还是后者,最后必然趋于疲竭,因为材料不可能长期没有创造力而存在,力也不可能长期没有宜于创造的材料而存在。与上述情况相反,假使我们置身于真正美的享受之中,在这样一个片刻我们就能均衡地主宰我们的承受力和主动力,我们就能轻而易举地同时转向严肃和游戏,转向静止和运动,转向顺从和反抗,转向抽象思维和观照。

精神的这种高尚的宁静和自由,再与刚毅和精明相结合,就是真正的艺术作品把我们从禁锢中解脱出来所需要的那种心境,这是检验真正美的品质的最可靠的试金石。假使在这样一种享受之后,我们仍然对某种特殊的感觉方式或行动方式感到格外倾心,而对另外一种方式则觉得它不灵活,令人厌烦,那就确切地证明,我们还没有体验到纯粹的审美作用,不管是由于对象,还是由于我们的感觉方式,或者(这种情况几乎是总会有的)是两者兼而有之。

事实上,在实际中也不会有纯粹的审美作用(因为人绝不可能摆脱对各种力的依附),因而一部杰出的艺术作品只能是更接近于那种纯粹的审美理想。人们固然可以把这种纯粹的审美理想提高成为自由,但当我们处在一种特殊的心境之中,带有一种特殊的倾向时,我们就总是要离开它。所以,艺术中的一种特定的种类以及这一种类中的一部特定的作品所给予我们心绪的那种心境越普遍,所给予我们心绪的那种倾向所受的限制越少,这一种类就越高贵,这部作品也就越杰出。我们可以拿不同艺术的作品以及同一种艺术的不同作品来说明这个道理。我们听完一段美的音乐,感觉就活跃起来;我们读完一首美的诗,想象力就恢复了生气;我们看完一座美的雕像或建筑,知性就苏醒过来。所以,谁要想让我们在高尚的音乐享受刚刚结束之后就去进行抽象思维,谁要想让我们在高尚的诗歌享乐刚刚结束之后就去从事日常生活中的一件须精确地按照规程办理的事情，谁要想在我们观赏美的绘画和雕像刚刚结束之后就刺激我们的想象力和惊动我们的情感，那他就是没有选好时间。为什么呢？因为即使是精神最丰富的音乐也由于它的材料同感官的亲和力比真正的审美自由所能容许的要大，因为就是最成功的诗①作所包含的对想象——它的媒介——的随心所欲的和偶然的游戏也比真正美的内在必然所允许的要多，因为即使是最杰出的雕塑作品也由于它的概念的确定性而与严肃的科学相接近（这种情况也许是最多的）。可是，这三种艺术种类中的某一部作品如达到更高的水平，这种特殊的亲和关系就会随之消失；这些不同种类的艺术如达到完善的程度，那么必然地而且是自然地会产生这样的结果：它们对心绪产生的作用越来越彼此相似，虽然它们各自的客观界限并没有改动。音乐提高到最高程度必然变成形体，以古典艺术的静穆力来影响我们；造形艺术达到了最高的完美必然变成音乐，以直接的感官现实来感动我们；诗发展到最完善的境界，必然像有声艺术那样强烈地感动我们，但同时又像雕刻那样把我们放在宁静而爽朗的气氛中。因此，每一种艺术的完美风格正好表现在这里，它能消除这种艺术特有的局限，而又没有把这种艺术特有的长处也一起予以抛弃，通过聪明地运用这

---

① 原文是"die Poesie"，在18世纪即指"文学"。

种艺术的特点,就会使它具有更为普遍的性质。

不过,艺术家通过处理要克服的还不只是由于他所采用的那种艺术种类的特殊性质而带来的局限,而且还有他所加工的特殊材料所具有的局限。在一部真正的美的艺术作品中,内容①不应起任何作用,起作用的应是形式,因为只有通过形式才会对人的整体发生作用,而通过内容只会对个别的力发生作用。不管内容是多么高尚和广泛,它对我们的精神都起限制作用,只有形式才会给人以审美自由。因此,艺术大师的真正艺术秘密,就在于他用形式来消除材料。材料本身越是动人,越是难于驾驭,越是有诱惑力,材料越是自行其是地显示它的作用,或者观赏者越是喜欢直接同材料打交道,那么,那种既能克服材料又能控制观赏者的艺术就越是成功。观众和听众的心绪必须保持完全自由,不受任何损害;就像脱离创造者②的保护时一样,它走出艺术家的魔圈时也必须是纯洁的、完善的。最猥琐的对象经过处理也必须使我们仍然有兴致从这个对象直接转向最严格的严肃,最严肃的材料经过处理也必须使我们仍保持把它直接调换成最轻松游戏的能力。激情艺术,例如悲剧,也不例外,因为第一,这并不是完全自由的艺术,它们服务于一种特有的目的(悲壮);其次,任何真正懂艺术的人都不会否认,即使是这一类

---

① 它的含义同下面所说的"材料"是一样的,都是指"素材"。
② 即第二十一封信中提到"人类本来的创造者——自然"。

的作品也是这样：当如同狂飙一样的激情达到高潮时，给心绪自由留有的余地越大，它们就越完美。关于情欲的美的艺术是有的，但是一种美的情欲的艺术却是一个矛盾，因为美不可避免的效果就是摆脱情欲。同样，一种美的教诲的（教育的）或去恶劝善的（道德的）艺术的概念也是矛盾的，因为再也没有比给心绪一个特定的倾向更与美的概念相冲突的了。

不过，倘若一部作品仅仅通过它的内容而发生效果，那并不一定就证明这部作品无形式，同样也可能证明判断者缺乏形式感。假使说，这位判断者不是太紧张，就是太松弛，假使说，他惯于不是纯粹用知性就是纯粹用感官去接受，那么，即使是最成功的整体他也只执于细节，即使是最美的形式他也只执于物质。这种人只能接受未经加工的元素，他要享受一部作品必须先把这部作品的有机体加以破坏，他细心搜罗的是艺术大师以无限的艺术使之消失在整体的和谐中的个别。他对艺术的兴趣，不是在道德方面，就是在物质方面①，就是恰恰不在应该在的方面，即审美方面。这样的读者，当他们享受一首严肃的和悲壮的诗时，像是在听布道词，当他们享受一首朴素的或戏谑的诗时，像是在喝一杯醉人的饮料。既然他们毫无审美趣味，竟然向一出悲剧和一部史诗——即使是

---

① "道德方面"指追求道德教育的目的，"物质方面"指追求感官享受。

一部写救世主的作品——要求修身之道,那么对一首阿那克瑞翁体的诗或卡图鲁斯体的诗①他们肯定会感到生气。

---

① 希腊诗人阿那克瑞翁(Anakreon)以及他的摹仿者罗马诗人卡图鲁斯(Catullus)在他们的诗中颂扬感官享受,歌颂美酒和爱情。这种诗体在18世纪的德国颇为流行。

第二十三封信

仅仅为了把我们提出的原则运用到实际的艺术以及对艺术作品的评价上,我曾经割断了我的线索①,现在我要把它再接起来。

从感觉的被动状态到思维和意愿的主动状态的转移,只能通过审美自由的中间状态来完成。虽然这种状态本身对我们的见解或者意向不起什么决定作用,因而对我们的智力的和道德的价值也丝毫没有影响,但是这种状态是借以能够达到见解和意向的惟一必要的条件。一言以蔽之,要使感性的人成为理性的人,除了首先使他成为审美的人以外,别无其他途径。

不过,您也许会提出异议,这一中介难道是必不可少的吗?难道真理和义务不是也自为地和通过自己本身就能找到通向感性人的道路吗?对此我必须回答说,真理和义务仅仅靠自己不仅能够而且完全应该有这种规定的力量。如果我先前的论断使人觉得我是在维护相反的看法,那就再也没有比这与我先前的论断更矛盾

---

① 第十七封信的结尾。

的了。我已经清楚地证明①,美对知性或意志不提供任何结果,美不干涉思维或决断的事务,美只是赋予这两者以功能,而如何实际使用这种功能它丝毫不加规定。使用这种功能不需要任何外来的帮助,纯粹的逻辑形式——概念——必然直接诉诸知性,纯粹的道德形式——法则——必然直接诉诸意志。

但是,美只能做到这一点,也就是说,感性的人只有一种纯粹的形式,我断言,这是由于心绪的审美心境才成为可能的。真理并不像现实或事物的感性存在那样,能够从外界接受,它是思维力自主地和自由地创造出来的,而这种自主性和自由恰恰是我们在感性的人身上所找不到的。感性的人已经(从物质方面)被规定,因而不再有自由的可规定性。他必须首先重新获得这种已经丧失了的可规定性,然后他才能把被动规定换成主动规定。但是,他要重新获得已经丧失的可规定性,只有两种办法,要么他失去他已有的被动规定,要么他本身就包括着他应向之转化的主动规定。假使他失去的仅仅是被动规定,那他同时也就随之失去了主动规定的可能性②,因为思维需要一个物体,形式只有在材料上才能够变成实在。因此,他必然本身就包括着主动规定,他必然是同时被动地和主动地被规定的,这就是说,

---

① 参见第二十一封信第5段。
② 主动规定(aktive Bestimmung)亦即思维力,所谓"失去了主动规定的可能性",就是说,不再能够思维。

他必然变成审美的人①。

所以,由于审美心境,理性的自主性在感性领域就已经会显示出来,感觉的支配在它自己的范围之中就会被打破,物质人已经净化提高到这种地步,只要按照自由的法则由他就能发展成精神的人。这样,从审美状态到逻辑和道德状态(从美到真理和义务)的步骤,比从物质状态到审美状态(从纯粹的盲目的生活到形式)的步骤不知要容易多少。前一种步骤,人通过他的纯粹的自由就能完成,因为他只需要接受而不需要给予,仅仅需要把他的天性分离成个别而不需要扩大②。有审美心境的人,只要他愿意,他的判断和行动就普遍有效。自然会给人提供方便③,使他从粗糙的物质走向美,在那里他身上将开始一种完全新的活动,而意志对产生它本身的心境是无能为力的。为了使审美的人具有审视力和伟大的意向,除了给他重要的机会以外什么也用不着,而要感性的人也正好做到这一点,首先必须改变他的天性。在前一种情况下,为使人成英雄或贤者,只需要有一个高尚的境遇(它最直接地对意志功能起作用)就行,而在后一种情

---

① "审美的人"同时受感性与理性的规定。
② 从物质状态转变为审美状态,是从局限在某一特定目标的被动规定状态转变为不受任何限制的、无限的可规定性状态,因而是天性的扩大。相反,从审美状态转变为理性状态(即逻辑和道德状态),则是从无限的可规定性状态转变为局限于某一特定目标的主动规定状态,因而天性不是扩大,而是分离成个别。
③ 参见第三封信第1段。

况下,必须首先把人置于另外一种天地之下①。

因此,文明的最重要任务之一,是使人在他纯粹的物质生活中也受形式的支配,使人在美的王国能够达到的范围内成为审美的人,因为道德状态只能从审美状态中发展而来,而不能从物质状态中发展而来。人要想在任何一种个别的情况下都能具有使自己的判断和意志成为全人类的判断的能力,人要想在任何一种有限的存在中都能找到通向无限存在的道路,从任何一种依附状态中都能向自主性和自由展翅飞翔,他就必须做到,他在任何一个时刻都不仅仅是个人,都不仅仅是服务于自然的法则。人要想有能力而且有本领从自然目的的狭窄圈子里把自己提高到理性目的的高度,他必须在受自然目的支配的时候就已经为了适应理性目的而训练自己,必须以一定的精神自由——即按照美的法则——来实现他的物质规定。

的确,人可以做到这一点,而且这与他的物质目的丝毫也不矛盾。自然对人的要求只是针对他发生什么作用,即针对他行动的内容;而他如何行动,即他行动的形式,并没有通过自然目的加以规定。与此相反,理性的要求则是严格地指向他活动的形式。因此,尽管对道德规定来说,人必须是纯道德的,人必须表现出绝对的自主性,但对物质规定来说,究竟人是不是纯物质的,人的态度

---

① 即美的世界。

是不是承受的,这些都无关紧要。就物质规定来说,人究竟把它仅仅是作为感性实体和作为自然力(即一种怎样承受就怎么起作用的力)来完成它,还是同时也作为绝对的力和理性实体来完成它,这完全可以任意决定;至于这两者之中究竟哪一种更符合人的尊严,这大概算不上是个什么问题。尽管人如若从感性冲动出发去做由义务的纯正动机规定他应做的事,会使他堕落和蒙受耻辱,但如若普通人在只是满足他合法要求的同时也追求法则、和谐和无限,那会使他高尚和受到尊敬①。总之,一句话,在真理和道德领

---

① 这种对日常现实加以聪慧的和审美自由的处理,不管在什么地方都是高尚心灵的标志。一般说来,一种心绪能有这样的禀赋,甚至是最受局限的事情和最无足轻重的对象通过这种处理方式,也能化为无限,那就可以说是高尚的。一种形式,如能给按其本性仅仅是为他物服务的东西(即仅仅是手段)也打上自主性的印记,它也是高尚的。一种高尚的精神,并不满足于自己是自由的,它还力求使它周围的一切事物,甚至包括无生命的东西也都有自由。然而美是自由在现象中惟一可能的表现。因此,在一个人物的脸面上,在一部艺术作品中以及其他等等,若是突出了知性的表现,就绝不可能是美的,同样也绝不可能是高尚的,因为这种表现强调了依赖性❶(它同目的性是不可分的),而不是隐避了依赖性。道德哲学家❷确系这样教导我们,人们可以做的绝不可多于他的义务。如果他指的仅仅是行动对道德法则的关系,那是完全正确的。但是,如果有的行动只同一个目的有关系,那么当它超过这一目的走向超感性的领域(在这里,只能是意味着以审美的方式来完成物质的东西),同时也就意味着超越了义务,因为义务只规定意志是神圣的,但没有规定自然也神圣化了。因此,从道德角度看,义务是不能超越的,但从审美的角度看,义务是可以超越的,而且这样的行为是高尚的。有些人常常把审美方面的过分同道德方面的过分混为一谈,而且由于受高尚外表的诱惑,把任性与偶然带到道德本身之中,结果完全泯灭了道德❸;其所以如此,恰恰是因为在高尚中总会看到过分,而过分是由此而造成的:那些仅仅需要有物质价值的东西也有了自由的形式的价值,或者是把它本来可以缺少的外在价值同它应该有的内在价值结合在一起了。(接下页)

域,感觉不可以有规定权,而在幸福的领域,形式可以存在,游戏冲动可以有支配权。

所以,在这里——在物质生活这一无关紧要的领域——人必须开始他的道德生活;还在他承受的时候,人就必须开始有它的自主性,还在感性限制的范围之内,人就必须开始有理性自由;就是他的爱好也必须加上他的意志的法则,人必须——如果您允许我这样说的话——在材料本身的界限内游戏式地去打这场针对材料的战争;人必须学会有更高尚的欲求,免得他不得不想往崇高。这一切通过审美修养都会做到,它使人的任性(无论是自然法则还是理性法则都束缚不住这种任性)所支配的一切都服从于美的法则,并且在它给外在生活的形式中就已经展现出内在生活。

(接上页)我们必须把高尚的行为同崇高的行动区别开来。前者超越了道德约束的界限,而后者不超越这个界限,虽然我们尊敬后者大大甚于前者。我们尊敬后者,并不是因为它超越了自己客体的理性概念(道德法则),而是因为它超越了自己主体的经验概念(我们关于人的意志品质和意志力度的知识)。反过来说,我们尊敬高尚的行为,不是因为它超越了主体的天性,相反它必须完全自由地从这种天性中产生出来,我们尊敬这种行为,是因为它超越了它的客体(物质的目的)的本性而步入精神领域。可以这样说,在前一种场合,对象取得了对人的胜利,我们为之惊异,在后一种场合,人给了对象蓬勃生气,我们为之赞叹。——原作者注

❶ 即对知性目的的依赖。
❷ 指康德。
❸ 这里席勒指的大概是像夏夫兹博里(Shaftesburg)这样的哲学家,他们认为,美与真就本质而言是同一的。从这种观点出发,凡是美的行为都可看作是符合道德准则的,或者换句话说,一种行为可以按照它的形式来判断,而不必按照产生它的意向来判断。但是,因为一种出于卑鄙意向的行为也可能有美的形式,因而这样的判断可能完全泯灭道德,为任性和偶然进入道德判断敞开大门。

第二十四封信

因此,人的发展可以分为三个不同的时期或阶段,不论是个人还是全人类,如果要实现他们的全部规定,都必然要以一定的次序经历这三个阶段。当然,由于偶然的原因——这些原因或者是外界事物的影响,或者是人的自由任性——个别时期可能有时延长,有时缩短,但任何一个时期都不可能完全跳跃过去,就是这些时期前后衔接的次序也不可能由于自然或意志而有所颠倒。人在他的物质状态中只承受自然的支配,在审美状态中他摆脱了这种支配,在道德状态中他控制了这种支配。

在美还没有引起他的自由的快乐①之前,在宁静的形式还没有使他的粗野生活平静②之前,人是什么呢?他的目的永远千篇一律,他的判断永远变化无常,他自私自利而不自主,他不受约束而不自由,他是奴隶而不遵守规则。在这个时期,世界对他来说只

---

① 这种"快乐"(die Lust)是自由观赏的快乐,而不是感官的快乐。
② 在第十七封信中提到,熔解美的任务之一,就是作为宁静的形式缓和粗野的生活,参见第十七封信第 4 段。

是命运,而不是对象①;只有为他创造了生存的那些事物对他来说才是存在,而一切既无施于他又无取于他的事物对他来说都根本不存在。他觉得他自己在许许多多实体当中是孤单的和隔绝的,因而在他面前的任何现象也是这样。任何存在的东西在他看来都是由于此刻的最高命令而存在,一切变化对他来说都是新鲜的创造,因为既然他自身内没有必然性,因而他自身外的必然性也不存在。这后一种必然性把变换的形体结合成一个宇宙,当个体逃走②时它牢牢捉住行动舞台上的法则。自然白白地让它那丰富的多样性在人的感官面前消失,人在自然的壮丽的丰富中除了看到他的掠夺品以外什么也没有看到,他把自然的强盛和伟大只看作是他的敌人。不是人向对象扑去,出于渴求想把对象据为己有,就是对象破坏性地向人逼来,人出于憎恶把它推开。不管是哪种情况,人同感性世界的关系都是直接接触;他永远害怕感性世界的进逼,他无止息地受不可抗拒的需求的折磨,因而他除了疲惫不会安息,除了渴求衰竭不会有什么界限。

> 诚然强壮的胸膛和提坦们
>
> 精力饱满的骨髓是他的……
>
> 某些遗传,可是天神铸造了

---

① 这时人还没有意识到他有立法的能力,因而他也不会使世界服从于他的法则,就是说,他不会控制世界,世界只是作为一种可怕的势力出现在他面前。

② 由必然而产生的法则脱离了个体,是个体的概括。

> 一个铜箍环绕他的额头,
>
> 使他胆怯的阴郁的目光
>
> 看不见劝告、节制、智慧和忍耐。
>
> 他每一个欲望都化为愤怒,
>
> 他的愤怒漫无边涯地奔放。
>
> ——《陶里斯岛上的伊菲格妮》①

不认识他自己的人的尊严,就更不会尊重他人的人的尊严;认识到自己的粗野的贪欲,就害怕每个与他相类似的生物的贪欲。在自己身上他从来看不到别人,只在别人身上看到自己②;社交没有把他扩展成为类属,反而把他更紧紧地禁锢在他的个体之中。在这沉郁的限制中,他迷惘地过着黑暗的生活,一直到一种有利的自然把他那阴闇感官的材料重担推开③,反思使他自身与事物相分离,最后在意识的反映中出现了对象。④

像上面所描述的这种蒙昧的自然状态,当然在任何一个特定的民族和时代都没有证实,这只不过是一种观念,但这一观念与经

---

① 歌德的名剧,见该剧第 1 幕,第 3 场。这里的引文,席勒稍加改动:第 2 行"他的……",原文系"他的子孙们的";第 4 行、第 5 行、第 7 行、第 8 行中的"他的"或"他"。原文是"他们的"或"他们"。
② 不关心别人,只要求别人为自己服务。
③ 人在他的物质状态,他本身就是物质(材料),他的感官深受物质的重压。一种有利的自然全把这物质的重担推开,因为自然为人从物质走向美提供方便(参见第二十三封信第 5 段)。
④ 这时,事物不再是可怕的势力,而是作为对象出现。

验在一些个别点上完全吻合,分毫不差。我们可以说,人从来也没有完全处于这种动物状态,但也从来没有完全脱离这种动物状态。就是在最蒙昧的人身上也会找到理性自由毋庸置疑的痕迹,就是在最有教养的人身上也不乏类似那种暗淡的自然状态的因素。把最高级的东西与最低级的东西在自己的天性中统一在一起,这本是人的特点;如果说,他的尊严有赖于严格地区分这两者,那么他的幸福就有赖于巧妙地①扬弃这种区分。既然文明应使人的尊严同人的幸福处于和谐统一之中,因而它必须关注这两项原则在它们最紧密的混合中仍保持各自的最高纯洁性。

  因此,理性在人身上第一次出现,还不是人的人性的开始②。人性要由人的自由来决定,而理性的第一个行动是使人的感性依赖性变得没有了界限——我觉得,这一现象的重要性和普遍性还没有得到应有的阐发。我们知道,理性在人身上被识别出来是通过它要求绝对的(即以自身为基础的和必然的)东西,而这种要求因为在人的物质生活的任何个别的状态中都得不到满足,因而它就迫使人完全离开物质的东西,从有限的现实中上升到观念③。虽然这种要求的真正意义,是使人从时间的限制中挣脱出来,引导他从感性世界上升到观念世界,可是由于曲解(这在感性占统治

---

① 指不会使人为了幸福而忽略尊严,而是使人在他的尊严中看到他的幸福。
② 就是说,当理性最初出现时,还是为了尊严而牺牲了幸福,不是两者既和谐统一又彼此完全独立。要做到这一点,人必须有自由。
③ 就是概念,是理性的产物,它超越一切经验以及知性的能力。

地位的时期几乎是不可避免的）它就有可能把矛头对准物质生活，不是使人获得独立，而是把他推入最可怕的奴役之中。

事实也是如此。人为了向前追求不受限制的未来，他凭着想象力的翅膀离开了单纯的兽性自锢于其中的现时的狭窄限制；但是，当无限在他那令人昏眩的想象面前出现的时候，他的心仍然生活在个别之中，仍然在为眼前的瞬间服务。在他处在兽性之中时，要求绝对的冲动突然向他袭来——而且因为在这种沉郁的状态中，他的一切努力都只是专注物质的和暂时的东西，只是局限于他的个体，因而上述冲动只会促使他无穷地扩展他的个体，而不是脱离他的个体，促使他去追求无穷无尽的材料，而不是追求形式，促使他追求永无止息的变化以及绝对地保证他暂时的生存，而不是追求永不变化的东西①。这种冲动，如运用到人的思维与行为上面去，将引导人达到真理与道德，而现在既然与人的承受与感觉发生了关系，就只会产生无限的要求和绝对的需要。因此，人在精神王国中收获的第一批果实是忧虑与畏惧，而这两者都是理性的结果，不是感性的结果，不过这是因为理性选错了自己的对象，把它

---

① 想象力与被引上歧路的理性冲动相结合，就会使人永无止境地要求新的生活享受。

的命令①直接运用到材料上面而造成的结果。所有要求无条件幸福的体系都是这棵大树结出的果实,不管这些幸福体系的对象是当今一日,还是整个一生,或者是——这丝毫也不会使这些幸福体系值得尊重——全部永恒。生存与安乐的永无止境的延续,如果仅仅是为了生存与安乐本身,那只不过是由渴求而产生的一种理想,因而也只能是由追求绝对的兽性所提出的一种要求。因此,由于理性的这种外显,人只是丧失了动物的那种幸运的限定性,而没有为他的人性获得什么。现在同动物相比,人只是具有了一种并不值得羡慕的长处,即由于追求远方而丧失了对现时的占有,可是在整个无限的远方中他所寻找的又不是别的,只是现时。

不过,即使理性没有选错自己的对象,没有提错问题,感性在长时间内还会伪造答案。只要人已经开始使用他的知性,开始按照原因和目的来连接他周围的现象,理性就会根据它的概念要求绝对的连接和无条件的根据②。仅仅为了能够提出这样的要求,人就必须超越感性;而感性又正好利用这个要求把逃亡者再追赶回来。因此,这里就是人必须完全离开感性世界向纯粹的理性王国飞腾的那个点,因为知性永远停留在有条件的事物的范围之内,

---

① 理性要求从随条件而转移的事物中发展出不受任何条件限制的事物来,从有限中发展出无限来,这就是理性的"命令"。
② 理性所要求的"连接",不是只适用于某种个别情况的连接,而是普遍适用的连接;理性所要求的根据,无须加以论证,事物本身就应是自己的根据。

它永远不断地提出问题,但不会得到终极的东西。但是,因为我们这里所谈的人还不具备这样一种抽象的能力,所以凡是他在他的感性认识范围之中找不到而又没有超越这个范围去到纯理性中寻找的东西,他就在他的情感范围内寻找并且按照假象好像已经找到。感性虽然不会指给人那些它们本身就是自己的根据和它们自己为自己立法的东西,但感性却指给人那些不理会任何根据和不尊重任何法则的东西。既然人不能用终极的和内在的根据使提问题的知性平息下来,他就通过"无根据"这个概念至少使知性沉默,他就停留在物质的盲目强制的范围之内,因为他还不能把握理性的崇高必然性。感性除了它自己的利益以外没有任何别的目的,它觉得除了盲目的偶然以外没有任何其他的原因推动它,这样人就把感性的利益当作他行动的规定者,把盲目的偶然当作世界的主宰。

甚至人身上神圣的东西即道德法则,当它最初在感性中表现的时候也逃不脱这种伪造。道德法则只是禁止,只是反对人的感性的自私利益;因此当人还没有达到这样的地步,把那种自私看作是外在的东西,理性的声音才是他真正的自我时,他就会觉得道德法则是某种外在的东西。这样一来,他就只感到理性给他带上了枷锁,而感觉不到理性给予他无限的自由①。他觉察不到自己身

---

① 理性使人对感性保持了他自己的自主性,因而他就有了无限的自由。

上的立法者的尊严,而只感到强迫和臣仆式的无力反抗。因为在人的经验中感性冲动是先于道德冲动,因而人就让必然的法则在时间中有了一种开始,即给了必然的法则一种积极的起源①;而由于这个一切错误中最不幸的错误,人就把他自己身上不变的和永恒的东西转化成生灭无常的偶然②。人说服自己,应把合理与不合理的概念看作规章法令③,这些规章法令是由一种意志引进的,而它们本身并不具有永恒的效力。正如在解释个别的自然现象时,人总要超越自然的范围,并在自然的范围之外④寻找只有在自然的内在规律性之中才能找到的东西一样,人在解释道德的时候也要超越理性的范围,并在这条道路上寻找神性的同时忽略了他的人性⑤。这丝毫也不奇怪,那种以抛弃人性为代价的宗教总是有这样的一种来历,那些不是来自永恒的法则,人也不认为它们具有无条件的和永恒的约束力。人与之打交道的不是一种神圣的、而是一种强大的存在,因为他敬神的精神是使他卑下的畏惧,而不是提高他对自己评价的敬畏。

---

① 法则本是理性的产物,是先验地存在的,因而没有起源,没有开始。
② 人第一次意识到道德法则,是因为它同他的感性追求发生了矛盾。这样,他就认为道德法则是暂时的,是他那生灭无常的天性的一个特殊的外显,是偶然的,而不是理性的必然要求,永恒不变的绝对。
③ 是法律规定,是根据人的意志而制定的,因而与道德法则不同,不具有普遍的永恒的,只具有局部的暂时的效力。
④ 即到各种神的身上去寻找自然的规律,好像是这些神任意地规定了自然的内在联系。
⑤ 即在上帝那里寻找道德法则,而不问这些法则是否符合人的人性。

人偏离他自己理想的规定是多种多样的。虽然所有的偏离不可能发生在同一个时期——因为人必然要经历从无思想到谬误,从无意志到意志败坏等许多阶段,但这些偏离都是物质状态造成的后果,所有这些偏离都是因为生活冲动胜过形式冲动而占了优势所造成的。不论是因为理性在人身上还根本没有说话,物质的东西还以盲目的必然支配着人,还是因为理性还没有使自己纯洁到与感性泾渭分明的地步,道德还在服从于物质;不论是哪一种情况,在人身上惟一具有权威的原则是物质的原则,人至少说按其最后的倾向还是感性的生物,区别仅仅在于:在前一种情况下,人是无理性的动物,在后一种情况下,人是有理性的动物;然而人不应该是上述两种中的任何一种,他应该是人。自然不应该单独支配他,理性也应有条件地支配他。两种立法应彼此完全独立地存在,但又应是完全一致的。

第二十五封信

只要人处在他最初的物质状态,仅仅是被动地接收感性世界,只是感觉感性世界,他就仍然与感性世界是完全一体的,而且因为他自己只不过是世界,所以世界对他来说还不存在。只有当他在审美状态中把世界置于他自己的身外或观赏世界时,他的人格性才与世界分开,对他来说才出现了世界,因为他不再与世界构成一体①。

观赏(反思)是人同他周围的宇宙的第一个自由的关系。欲望是直接攫取它的对象,而观赏则是把它的对象推向远方,并帮助它的对象逃开激情的干扰,从而使它的对象成为它真正的、不可丧失的所有物。曾经在纯感觉状态以不可分割的威力支配着人的自

---

① 我要再次提醒,这两个时期虽在观念中必须彼此分开,但在经验中总是或多或少地交混在一起的。同时也不要以为,仿佛曾经有过一个时期人只是处在这种物质状态,也有过一个时候人完全摆脱了这种状态。一旦人看见一个对象,他就已经不再仅仅是处于物质状态之中,只要他还继续看到一个对象,他就不能摆脱这种状态,因为只有在他感觉的情况下他才能看到。因此,我在第二十四封信开头提到的那三个时期,就整体来说,是整个人类发展的和每个人全部发展的三个不同的时期,就是在一个对象的任何一种个别的知觉中也可以分辨出这三个不同的时期。总而言之,它们是我们通过感官所得到的每一个认识的必要的条件。——原作者注

然的必然性，在反思的时候离开了人，在感官中出现了瞬息的平静，时间本身即永恒的变换停止不动，这时分散的意识的光线汇聚在一起，形式——无限的摹象——反射在生灭无常的基础上。人身内一出现光亮，他身外就不再是黑夜；人身内一平静下来，宇宙中的风暴也就立即停止，自然中斗争着的力也就在稳定不变的界限中立即平息。因此，远古的诗篇①把人内心的这一伟大事件当作外在世界的一场革命来谈论，并借用结束了萨图尔努斯王国的宙斯的形象来体现思想战胜了时间的法则②，就毫不奇怪了。

人只要仅仅是感觉自然，他就是自然的奴隶；而一旦他思考自然，他就立即从自然的奴隶变成自然的立法者。原来作为强制力支配他的，现在在他审视的目光面前成了一种对象，而凡是对他来说是对象的东西，都不具有支配他的威力，因为要成为对象，它必须接受人的威力。在人赋予物质以形式的情况下，而且只要人赋予形式，物质的作用就侵害不了人；因为任何东西都不能侵害一种精神，除非是那种夺去了精神自由的东西。精神给无形式的东西以形式，从而表明它自己的自由。只有在沉重的和无定形的物质

---

① 指古希腊诗人赫西奥德（Hesiodos，公元前 8 世纪末到前 7 世纪初）的长诗《神谱》。
② 萨图尔努斯（Saturnus），古罗马神话中的神，席勒在这里实指希腊神话中的克罗诺斯（Kronos），这两个神常被人混同。赫西奥德在他的《神谱》中用诸神的关系表现对宇宙的认识。诗中说，克罗诺斯取代乌拉诺斯统治了世界，克罗诺斯意即"时间"。后来他的儿子宙斯又推翻了克罗诺斯的统治，在奥林匹斯山上成为众神之首。

占统治地位,晦暗不明的轮廓在不确定的界限内摇摆的地方,畏惧才有它的地盘。自然中的任何令人惊恐的东西,只要人懂得给它以形式,把它转化成自己的对象,人就能胜过它。当人已经开始面对作为现象的自然维护他的自主性时,他也在面对作为强制力的自然维护他的尊严,并以高尚的自由起来反对他的众神①。众神扔掉了他们用以威吓处在童年期的人的鬼脸,变成了人的样子,以人自己的形象去惊愕人。东方的神怪曾以野兽的盲目的威力来管辖世界,在希腊人的幻想中就收敛为具有了人类的和霭可亲的面目。提坦族王国覆灭了②,无限的力被无限的形式制服了。

但是,在我仅仅是寻找脱离物质世界的出口和进入精神世界的入口时,我的自由奔驰的想象力已把我引入精神世界之中了,我们所寻找的美已在我们的后面。在我们从纯粹的生活直接向纯粹的形体③和纯粹的对象过渡时,我们已经跳过了美④。这样一种跳跃不是人的天性所固有的,为了同人的天性步调一致,我们不得不再回到感性世界。

不错,美是自由观赏的作品,我们同它一起进入观念世界——

---

① 在第二十四封信中曾提到,当人处于物质状态中,他解释自然现象时就超越自然到自然之外的众神之中寻找只能在自然的内在规律性中才能找到的东西。参见第二十四封信倒数第2段。
② 提坦族(Titanen)系希腊神话中天神乌拉诺斯和地神盖亚的子女,克罗诺斯是他们的首领。
③ 即与生活和经验毫无连带关系的理想形体。
④ 即越过审美状态,从物质状态直接进入理性状态。

但是必须指出,我们并没有因此而脱离感性世界,就像认识真理时的情况那样①。真理是抽象的纯正产物,把一切物质的和偶然的东西都分离了出去;是纯客体,其中不可保留任何主体的局限;是一种纯粹的自主性,其中不掺杂任何被动性的成分。当然,即便是从最高的抽象也有返回感性世界的道路,因为思想会触动内在的感觉,对逻辑的和道德的一体性的意象会转化为一种感性的和谐一致的感情②。但是,当我们为认识而快乐时,我们非常精确地把我们的意象同我们的感觉区别开来,我们把后者看作是某种偶然的东西,完全丢开它认识也不致因此消失,真理也不会再是真理。然而如果想要把对感觉功能的这种关系同对美的意象分离开来,那将是一桩徒劳的事情。因此,仅仅把这个看作是那个的结果是不够的,我们必须把这两者同时看作结果和原因,它们互为因果③。当我们因认识而感到快乐时,我们就毫不费力地分辨出从主动到被动④的转移,并且清楚地看到后者开始前者消失。相反,当我们因美而感到赏心悦目时,我们就分辨不出主动与被动⑤之间的这种更替,在这里反思与情感完全交织在一起,以致使我们以

---

① 在审美状态中人并不脱离感性世界,而在认识真理时亦即在理性状态中人必须脱离感性世界。
② 因为任何对秩序、法则和目的性等的知觉都会引起快乐。
③ 就是说,美的感觉不仅仅是美的意向的结果,而且也是它的原因,两者互为因果。
④ 这里的"主动"指思考,"被动"指感觉。
⑤ 这里的"主动"指观赏,"被动"指快乐。

为直接感觉到了形式。因此,美对我们来说固然是对象,因为有反思作条件我们才对美有一种感觉;但同时美又是我们主体的一种状态,因为有情感作条件我们对美才有一种意象。因此,美固然是形式,因为我们观赏它;但它同时又是生活,因为我们感觉它。总之,一句话,美既是我们的状态又是我们的行为。

正因为美同时是两者,它就确凿地证明了被动性并不排斥主动性,材料并不排斥形式,局限并不排斥无限——因而人在道德方面的自由绝不会因为人在物质方面的依附性而被消除。美证明了这一点,而且我们还要补充说,只有美才能向我们证明这一点。当享受真理或逻辑统一体的时候,感觉并不是必然地与思想是一体的,而是偶然地跟着思想而来的,这样真理就只能向我们证明有这样的可能:感性天性会跟着理性天性而来,而不能证明这两种天性是并存的,不能证明它们彼此相互作用,不能证明它们可以绝对地和必然地合为一体。恰恰相反,只要思考,就排斥情感;只要感觉,就排斥思考。从这样的排斥中可以推论出两种天性是不能相容的,因而分析家们为了证明纯理性在天性中的可实现性,除了说纯理性是"命令"以外的确再也提不出任何更好的证据①。但是,当享受美或审美统一体的时候,在材料与

---

① 康德的批判哲学不承认感性与理性这两种天性是可以相容的。虽然这种哲学也坚持道德法则必须贯彻于生活之中,但又不能证明这是可能的,于是就把道德法则说成是"绝对命令",从而来证明它是可以实现的。席勒认为,尽管在纯物质状态或纯理性状态感性与理性这两种天性是相互排斥的,但在审美状态这两者是可以并存的。

形式之间,被动与主动之间发生着一种瞬息的①统一和相互调换,这恰好证明这两种天性的可相容性,无限在有限中的可实现性,从而也证明了最崇高人性的可能性。

既然美已经证明道德自由同感性依附是完全可以并存的,人为了表明自己是精神不必脱离物质,我们要找到从感性依附转变成道德自由的道路就不再会感到窘困了。如果人同感性在一起的时候就已经是自由的,如美的事实所证明的那样,如果自由是某种绝对的和超感性的东西,如它的概念所必然表明的那样,那么,人如何从限制上升到绝对,人如何在他的思考和意愿中对抗感性,就不再成为问题了,因为这一切在美之中已经发生过了。总之,一句话,人如何从美过渡到真理,再也不可能成为问题了,因为真理按其功能已在美之中了;成为问题的是,人是如何为自己开辟道路,从日常现实走向美的现实,从纯粹的生活感走向美感的。

---

① 原文为"wirklich",这个词在施瓦本方言(席勒是施瓦本人)中有"瞬息的""暂时的"的意思。这种统一和调换是"瞬息的","暂时的",不是永久的,因为审美状态是一种中间状态,它随时都在向两个相反的方向转化。

第二十六封信

　　正如我在前面各封信中所阐明的,是审美心境产生了自由,因而不难看出,审美心境不可能来自自由,所以也不可能来源于道德。它必定是自然的赠品,只有偶然的恩惠才能够打破物质状态的束缚,引导野人达到美。

　　美的幼芽在下述情况下也同样难以发展:贫瘠的自然剥夺了人的一切快乐,或奢侈的自然使人无须自己作任何努力;迟钝的感官感觉不到任何需求,或强烈的欲求得不到满足。人像穴居人一样躲在洞穴里,永远是孤独的,在自身之外从来没有找到过人性,在这种情况下,美的幼芽难以发展;但就是在人成群结队地过着游牧生活时,他也永远只是数目,在自身之内从来没有找到过人性,美的幼芽也同样难以发展①。只是当人在自己的小屋里静静同自己交谈,一旦走出小屋就同所有的人交谈,美的可爱的蓓蕾才会开放。因为,只有当着轻松的空气使感官能感觉到任何轻微的触动,

---

① 就是说,人处在动物状态,美的幼芽是不会发展的。

强烈的温暖使丰饶的材料有了生气;只有当着盲目的物质王国已在无生命的创造中被推翻,胜利的形式使最低下的自然也高尚起来,从而在欢乐的条件下和幸福的地带只有行动导致享受,只有享受导致行动①,从生活本身涌出神圣的秩序,从秩序的法则中发展出来的只是生活;只有当着想象力永远逃离现实,可是又从来没有因为天性的单纯而走上歧路——只有在这样的情况下,感官与精神,感受力与创造力才会幸运地均衡发展,而这种均衡是美的灵魂和人性的条件。

表明野人进入人性②的那个现象是个什么现象呢?不管我们对历史的探究深入到什么地步,这个现象在所有摆脱了动物状态的奴役生活的民族中都是一样的:对假象的③喜爱,对装饰与游戏的爱好。

最高的愚昧与最高的知性彼此间有某种共同点,两者都只是寻找实在,对纯粹的假象都是完全无动于衷。只有通过对象的感官中的直接出现才会打破前者的静态,只有通过把它的概念再带回到经验的事实上面才会使后者恢复静态。总之,愚蠢不能升高到现实之上,知性不能在真理之下停止不动。因此,只要对实在的

---

① 人的行动是为了享受,不是由于像饥饿等物质的强制所致。
② 这里和前面提到的"人性"均指"人格性"。
③ 人的发展要经过三个阶段,即感性状态、审美状态、理性状态,与此相适应的是感觉即感官印象(Sinneseindruck),假象即观赏的对象(Gegenstand der Betrachtung),思想即理性对知觉的加工。

需要对现实的依附仅仅是由于缺乏而造成的后果,那么对实在的冷漠与对假象的兴趣就是人性的真正扩大和走向文明的一个决定性的步骤①。首先,这证明了外在的自由,因为只要强制在主宰,需求在进逼,想象力就被牢固的枷锁束缚在现实上面;只有当着需求得到满足,想象力才会发挥出它那不受任何约束的功能;其次,这也证明了内在的自由,因为这使我们看到一种力,它不依赖外在的材料靠自己本身就可运动起来,并具有足够的潜能可以抵挡进逼的物质。事物的实在性是(事物)自己的作品②,事物的假象是人的作品③。一个欣赏假象的人,已经不再以他所接受的东西为快乐,而是以他所创造的东西为快乐。

不言而喻,我这里所谈的是审美假象,而不是逻辑假象,前者不同于现实与真理,而后者与现实和真理相混淆——因此,人们喜好审美假象,是因为它是假象,不是因为认为它是什么更好的东西。只有审美假象才是游戏,而逻辑假象只是欺骗。承认第一种假象有某种作用,这决不会损害真理,因为不存在审美假象冒充真理的危险,而冒充真理是惟一能够损害真理的方式。鄙视审美假

---

① 对实在的冷漠和对假象的兴趣标志着人从物质状态进入审美状态,而审美状态是人性的扩大,文明的开始。
② 事物只要给我们的感官以印象,我们就承认它有实在性,因此实在性是事物的作品。
③ 事物的假象不是事物对我们的感官造成的印象,而是我们凭自己的想象力(Einbildungskraft)设想出来的,因此它不是被动地接受来的,而是主动地创造出来的。

象,就等于鄙视一切美的艺术,因为美的艺术的本质就是假象。因此,要防范知性对实在性的追求发展到一种偏狭的程度,以致仅仅因为美的艺术是假象就对全部美的假象的艺术下一个轻蔑的判断①;不过,只有当知性回忆起前面提到的共同点②,才能防范知性出现这样的情况。关于美的假象必然具有的界限,我们将来有机会再专门讨论③。

  人所以由实在提高到假象是由于自然本身,它给人配备了两个感官,这两个感官使人仅仅通过假象就能认识到现实的东西④。在耳朵和眼睛里,进逼的物质已从感官中被排除,我们在动物状态直接感触到的对象已离开我们。我们用眼睛看到的东西,不同于我们感觉到的东西,因为知性越过光亮进入对象之中。触觉的对象是我们所承受的强力,眼睛和耳朵的对象是我们所产生的形式。只要人还是野人,他就只靠触觉感官来享受,而假象感官在这个时期只是为触觉感官服务的⑤。这时,人不是根本提高不到观看的地步,就是观看不能使他满足。他一开始用眼睛来享受,而且观看

---

① 就是说,不能用科学的标准来判断艺术,艺术的本质是审美假象,而科学的本质是真理。审美假象与真理有严格的界限,艺术与科学是两个各自独立的领域。
② 即这封信第5段开头提到的共同点。
③ 席勒在1795年发表的《论使用美的形式时的必要界限》中专门讨论了这个问题。
④ 参见第二十五封信的原作者注。
⑤ 这时,审美活动还不是一种独立的活动,只是满足纯感官需要的一种手段。譬如,看到某种东西就能止渴,就是假象感官为触角感官服务的一例。

对他来说具有了独立的价值,他立即就在审美方面成为自由的,游戏冲动就立刻开展起来。

以假象为快乐的游戏冲动一发生,摹仿的创作冲动就紧跟而来,这种冲动把假象当作某种独立自主的东西。一旦人发展到能分别假象与现实、形式与物体的地步,他也就能够把它们分离开来。因此,摹仿艺术的能力是同形式的能力一起赋予人的。对形式的追求是以另外一种素质为基础的,这里我就无须赘述了。审美的艺术冲动发展得早与晚,只取决于人借以能够盘桓于纯粹假象的那种爱的程度。

既然一切现实的存在都源于作为外来支配力的自然,而一切假象源于作为有意象力的主体的人,那么当着人从实体中取回假象,并按照自己的法则来对待假象时,他只不过是在运用他的绝对所有权罢了。人以不受任何约束的自由能够把自然分开的东西组合在一起,只要他对此能进行综合思考;同样他也能够把自然连接在一起的东西分开来,只要他在知性中对此进行分解。只要人注意的仅仅是把他的领域同事物的存在或曰自然领域划分开来的那个界线,对他来说惟一神圣的就是他自己的法则。

在假象的艺术中,人也行施这种支配权;这里他把"我的"和"你的"区分得越严格,把形体与实体分得越仔细,给前者的独立性越多,他就不仅越发扩大了美的王国,而且也越发严守了真理的界线;因为他如不同时使现实脱离假象,他也就不可能消除假象中的现实①。

但是人们拥有这种主宰权,也仅限于假象的世界,仅限于想象力的无实体的王国,仅限于这样的情况,他在理论上认真地抑止自己不去肯定假象就是实际存在,在实践中也不借助假象来施舍实际存在②。由此,您可以看出,假使诗人给他的理想硬加上实际存在,或者假使他的目的是借助理想达到某种特定的实际存在,那么在这两种情况下,诗人都同样超出了自己的界限③。因为除非他用下述办法,否则这两种情况是无法实现的:或者他超越他诗人的权利,通过理想干预经验的领域,妄想通过纯属可能的东西来擅自规定实际存在,或者他放弃诗人的权利,让经验来干预理想的领域,把可能性局限于现实的条件。

只有当假象是正直的(它公开放弃对实在的一切要求),并且只有当它是自主的(它不需要实在的任何帮助),假象才是审美的。一旦假象是虚假的,冒充实在,一旦它是不纯洁的,它发生作用离不开实在的帮助④,假象就只不过是达到物质目的的一种低

---

① 如不同时对现实有清醒的、客观的、不带任何主观成分的了解,就不可能使假象与现实有严格的界限。
② 就是说,在理论上绝不把假象当作现实,在实践中绝不把假象当作达到某种特定的目的的手段。
③ 席勒反对艺术创作中两种倾向:一是过于拘泥于现实,一是把艺术当作进行道德教育和感官刺激的手段。
④ "虚假的假象",指的是所谓"幻觉艺术",靠观赏者的错觉来达到艺术效果;离不开实在的假象,指的是所谓"全景艺术",力图把实际存在的东西都包括进去藉以达到艺术效果。

劣的工具,一点也不能证明精神的自由。另外,既然我们对美的假象下判断时根本不去考虑它有没有实在性,那么我们在美的假象中发现一个对象没有实在性就无关紧要了。因为一考虑有没有实在性,就不算是审美判断了①。一个有生命的女性的美当然同样会使我们喜欢,而且甚至会比一个同样是美的、但仅仅是画出来的女性更使我们喜欢。但是,它既然比后者更使我们喜欢,它就不是作为自主的假象使我们喜欢,不是使纯粹的审美情感感到喜欢,因为要使纯粹的审美情感感到喜欢,有生命的东西必须作为现象出现,就是现实的东西也只能作为观念出现。不过,要在有生命的东西当中只感觉到纯粹的假象,这比起不让假象有生命所要求的美的修养水平当然不知要高多少。

不论在哪个个人身上或哪个民族当中,有正直而自主的假象,就可以断定他们有精神、趣味以及与此有关的一切优点——在那里②,我们将会看到支配现实生活的理想,看到荣誉战胜财产,思想战胜享受,永生的梦想战胜生存。在那里,公众的看法是惟一令人畏惧的东西,橄榄花冠比红色锦袍更受尊敬。只有软弱无力和乖戾反常才把虚假的和离不开(实在)的假象当作自己的避难所,不论是个人还是整个民族,只要他们不是"通过假象来弥补实在,

---

① 有没有实在性,不是对美的假象(艺术)进行审美判断的标准。
② 如在古希腊。

就是通过实在弥补(审美)假象——这两者往往是结合在一起的——就证明他们既无道德价值也无审美能力。

"假象在道德世界中可以有多大的范围?"对这个问题,简短扼要的回答是:审美假象的范围有多大它在道德世界中的范围就有多大,就是说,假象既不想代表实在,也无须代表实在。审美假象是绝不会危及习俗的真实性,如果发现有的地方不是这样,那就毫无困难地可以看出,那里的假象不是审美假象。譬如,一个从未有过交际的人,会把出于一般形式的礼貌而作的允诺当作亲切殷勤的标志加以接受,当他感到失望时,他又会抱怨那是虚伪。但是,只有对美的交际一窍不通的人,才会为了礼貌而求助虚伪,为了使人欢心而阿谀奉承。前者还缺少对自主假象的理解,因而他以为自主假象的意义仅仅来自真实,而后者缺少实在性①,他想用假象来顶替实在。

最寻常的莫过于听到当代的某些浅薄的批评家抱怨说,一切正派稳健都从世界上消失了,为了假象忽略了实体。虽然我觉得我根本没有这份职责面对这种指责去为时代辩解,但是既然这些严厉的道德法官们提出的指控范围如此广泛,那就足以表明,他们怨恨时代并不仅仅是因为虚假的假象,而是因为正直的假象;甚至即使他们有时也为美说几句好话,这些例外也不是针对自主的假

---

① 即缺少出于真心的礼貌。

象,而是针对离不开(实在)的假象。他们攻击的不只是掩盖真理和妄图代表现实的那种欺骗性的粉饰,他们也攻击填补空虚、遮盖贫困的有益的假象,就是说,他们也攻击使平凡现实高尚化了的那种理想化的假象。虚假的习俗理所当然地会损害习俗所要求的那种严格的真实感,但遗憾的是,他们把礼貌也算作虚假。外表的浮华装饰常常会使真正的成就暗淡无光,这当然使他们不快;但要求成就有假象,内在的意蕴需要有讨人喜欢的形式,这也同样使他们恼怒。他们为失去昔日的诚恳、坚实和真挚而感到难过,但他们也想看到原始习俗的笨拙和粗俗、古老形式的笨重以及哥特式的浮夸①再流行起来。他们通过这样一些判断只对物质本身表示尊敬,而这种尊敬有损于人类的尊严,因为只有在物质能够接受形体和扩大了观念王国的情况下,人类才会重视物质。所以,只要当代的趣味能在另外一个更好的法庭前经得起考验②,它就无须多听这些意见。一个十分严厉的美的法官也会向我们指责,不过他们指责的不是我们重视了审美假象(这一点我们做的还远远不够),而是我们还没有达到纯粹的假象,我们还没有充分地把生存同现象分离开,从而使这两者的界限永远固定下来。只要我们不渴求活的自然中的美我们就不会享受它,只要我们不问目的就不会欣

---

① 在18世纪人们认为哥特式的建筑过于雕琢,这里席勒指的是人们交往的风尚。
② 即美的法庭。判断艺术不应根据道德法则,而应根据美的法则。

赏摹仿艺术中的美①——只要我们还不承认想象力有它自己的绝对的立法权,并通过对它的作品的尊敬来显示它的尊严,我们就应受这样的指责。

---

① 我们享受自然中的美,并不是因为我们想占有它,我们观赏艺术作品中的美,并不是因为我们想借此达到某种目的。

第二十七封信

假使我在前面几封信里提出的关于审美假象的崇高概念具有普遍意义,您就用不着为实在和真理担心了。只要人还没有足够的教养,他就要滥用这个概念,因而它也就不会有普遍意义。要使这个概念具有普遍意义,只能通过一种文明来实现,这种文明将同时使任何对这一概念的滥用都不可能发生。人要追求自主的假象,比之他不得不把自己局限于实在,需要有更大的抽象力,更多的心胸自由,更大的意志的潜能。要想达到自主的假象,人必须先经过实在。因此,如果以为走通向理想的道路是为了免得走通向现实的道路,那就大错特错了①!我们不必过多地担心,这里所谈的假象会对现实有什么危害;我们更应当担心的是现实对假象的危害。长期以来人被束缚在物质上面,他一向只是让假象为他的

---

① 席勒认为,假象与实在,理想与现实是不能偏颇的,他既反对没有理想专注现实的务实精神,也反对脱离现实空想理想的幻想(可参见第九封信第 5 段)。因此,要达到理想必须通过现实,而不能避开现实。

目的服务,一直到他承认假象在理想的艺术中有自己的人格性①为止。而要做到这一点,在人的整个感觉方式中需要发生一场彻底的革命,不然的话他甚至连通向理想的道路也找不到。因此,我们在什么地方发现有对纯粹假象②作无利害关系的自由评价的痕迹,我们就能推断出那里人的天性已发生了这样一场变革,人身上的人性已真正开始。实际上在人为美化他的生存而进行的最初的、初级的尝试中,我们就已经可以看到这类痕迹,他这样做,甚至是冒着因此会使他生存的感性内容恶化的危险。只要人真的开始重形象甚于重材料,并敢于为了假象(不过他必须认出这是假象来)而牺牲实在,他的动物性的轮环就立刻被打开,他就置身于一条没有尽头的道路③。

单单满足自然和需要所要求的东西,已不能使人感到满足,他还要求有剩余。当然,最初只是要求物质的剩余,以便使欲望看不见自己的局限,以便确保享受能超出眼前需要的范围;但是,不久他就要求在物质剩余之外还要有审美的附加物,以便也能满足形式冲动的要求,把享受扩大到任何需要的范围之外。在人仅仅为

---

① 是不依赖于任何别的东西,它自己是自己存在的基础,自己是自己的目的。因而这句话的意思是:假象在理想的艺术中有它的独立性,它不为任何目的服务,它自己就是自己的目的。
② 即审美假象。
③ 席勒把动物的生活比作一个"轮环"(der Kreis),它永远围绕着一个中心点(即实在)进行无穷的循环往复的运动,而把精神生活比作一条无穷的直线。

了将来使用而积蓄储备,并在想象中预先就享受这些储备的时候,他虽然也已经超越了眼前的瞬间,但并没有超越时间的界限;他的享受增多了,但享受的东西没有变。可是,当他同时也在享受形象的时候,他的享受不仅就其范围和程度有了提高,而且就其方式也高尚化了。

  当然,自然赋予无理性动物的也多于它们的最低需求,并在它们那阴暗的动物生活中洒下一线自由的微光。狮子在不为饥饿所迫,又没有别的野兽向它挑战的时候,它闲着不用的精力就要给自己创造一个对象;它那雄壮的吼声响彻沙漠,在这无目的消耗中,它那旺盛的精力在自我享受。昆虫在太阳光下飞来飞去,自得其乐;就是我们听到的鸟儿发出的悦耳的啼鸣,也肯定不是欲求的呼声。无可否认,在这些动物中有自由,但不是摆脱了所有需求的自由,而是摆脱了某种特定的、某种外在的需要的自由。如果动物活动的推动力是缺乏①,它就是在工作②;如果这种推动力是力的丰富,就是说,是剩余的生命刺激它行动,它就是在游戏。甚至在没有灵魂的自然中,也有这种力的浪费和规定的松弛,而这就物质意义来说也可以称为游戏。树长出无数的幼芽,但还没发育就凋谢了;树为了吸收养分伸展出根、枝、叶,但它们的数目远比为维持树

---

① 即为了满足最低的需求。
② 原文是"arbeiten",亦可译为"劳动"。

木的个体以及它的种属所需要的要多得多。树木有大量的东西没有使用过也没有享受过就还给了原始自然王国,而有生命的生物就会在欢快的活动中把这些东西加以挥霍。因此,在它的物质王国中,自然已经为我们演出了一出无限的序曲,在这里已经部分地扬弃了只有在形式王国中才会完全彻底地予以解除的束缚。自然从需求的强制或物质的严肃开始,再经过剩余的强制或物质游戏,然后再转入审美游戏。在美的崇高自由中,自然得到了提高从而超越了任何目的的强制;但在此之前,它在自由运动中至少说已经从远方接近了这种独立性,因为自由运动本身既是自己的目的又是自由的手段。

像人体的各种器官一样,人的想象力也有自己的自由运动和物质游戏,在这种游戏中它与形象不发生关系,只是为有自主性和不受束缚而快乐①。只要这种幻想游戏一点儿也不受到形式的干预,它的全部魅力都是由无拘无束的形象交替组成,那么这种游戏虽是人所特有的,但它仅仅属于人的动物生活,它仅仅表明人已从一切外在的感性强制中解放出来,但还不能由它推断出在人身

---

① 按照席勒的理解,想象力的特点是,在游戏中保持它对法则的自由,因而它同形象亦即法则不发生关系,它有它的自主性,并以此为乐。

上已有一种独立的创造力①。这种观念自由交替的游戏还是物质性的,用纯粹的自然法则②就可说明。等到想象力试用一种自由形式的时候,物质性的游戏就最终飞跃到审美游戏了。我们必须把这称为飞跃,因为在这里一种全新的力在活动,因为在这里立法的精神第一次干预盲目本性的活动,它使想象力的任意活动服从于它的永恒的不变的一体性,把它的自主性加进可变的事物之中,把它的无限性加进感性事物之中。但是,初级自然除了永不间断地从一个变化转向另一个变化以外,不再有任何其他的法则;因此只要初级自然还过分强大,它就会以它的变化无常的任性去对抗精神的必然性,以它的不安定去对抗精神的恒定性,以它的依存性去对抗精神的自主性,以它的贪得无厌去对抗精神的高尚质朴。这样,审美游戏冲动在它最初的试探中几乎认不出来,因为感性冲动以其我行我素的习性和粗野的欲求不断地进行干扰。所以,我们看到初级趣味抓住的首先是新奇,光怪陆离与稀奇古怪以及激

---

① 在日常生活中进行的绝大多数游戏,不是完全依靠这种对观念的自由交替的感觉,就是从这种感觉中借取最大的魅力。尽管这本身并不证明已有了更高的天性,而且正是最怠惰的灵魂才喜欢沉溺于这种自由形象流之中,但是幻想的这种不依赖于外界印象的独立性至少说是幻想的创造功能的消极条件。创造力只有脱离了现实,才会提高到理想;想象必须首先在它的再现方式中摆脱了外来的法则,然后才能在它的创造活动中按照自己的法则行事。当然,从完全无法则到独立地内在立法,还必须走很大一步,而且还得有一种全新的力即观念的功能掺入游戏之中——但是,这种力的发展比起以前已经容易多了,因为感性是不反抗它的,未予规定的事物至少说从否定方面已同无限衔接。——原作者注

② 即用"观念联想"的法则就可说明。

烈粗野,惟独一遇到质朴与宁静就逃避了。这种趣味创造的形象荒诞不经,它喜欢急速的转变、浮华的形式、鲜明的对照、耀眼的光线、激昂的歌唱。在这个时期,对人来说,只有激发他感情的和供给他材料的东西才算是美的——不过,激发感情是为了进行自主的反抗,供给材料是为了进行可能的创造,不然的话,这对人来说就不是美的事物。这样,判断的形式就发生了引人注目的变化:人寻找这样的对象,不是因为它们供给他某种必须承受的东西,而是因为它们给予他某种促使他行动的东西;他喜欢这些对象,不是因为它们适合某种需求,而是因为它们满足了某种法则,这种法则是在人的胸中讲话,虽然声音十分微弱。

不久,人不再满足于事物使他喜欢,他要自己使自己喜欢,最初是通过属于他的东西,最后通过他自己本身。这时凡是他所占有的和他所创造的东西,都不能再仅仅带有服务性的痕迹,即不能再仅仅是为达到他的目的的怯懦的形式。这些东西除了应尽的服务以外,同时还必须反映出那思考它们的聪慧的知性,那实现它们的可爱的手,那选择并提出它们的明朗自由的精神。就是在这个时期,古日耳曼人为自己挑选了更加光彩夺目的兽皮,更加堂皇壮观的鹿角,更加轻巧别致的角杯,古苏格兰人为他们的宴席选择了最好看的贝壳。这时甚至武器也不只是用于威胁的物件,而且也是用于取乐的物件,精工细作的剑鞘引人注目的程度并不亚于杀人的剑刃。更为自由的游戏冲动不满足于把审美的剩余带入必然的东西之中,于是它最后完全挣脱了最低需求的枷锁,美本身成为人追求的一种对象。人自己装饰自己。自由的欢乐被纳入人的需求之列,多余的东西不久就成了人快乐中的最好的部分。

当着形式从外部,即通过人的住所、家庭用具、服装逐渐向人接近的时候,形式也终于开始占有了人本身,起初只是改变人的外表,最后也改变人的内心。为了取乐而做的那种没有规则的跳跃变成舞蹈,没有一定姿式的手势变成优美和谐的哑语,为表现感受的那种混乱的声音进一步发展,开始有了节拍,转变成为歌声。特洛亚的军队像一群鹤似的以刺耳的呼喊冲向战场,而希腊军队是迈着高尚的步子静悄悄地走向战场①。在前一种场合,我们只看到盲目力的放纵,在后一种场合,我们看到形式的胜利和法则的纯朴威严。

这时,一种更为美好的必然性把两性联结在一起,两心通感有助于保持本来是由反复无常、见异思迁的情欲建立起来的结合。更为平静的眼睛脱开了阴郁的情欲的枷锁,看到了形体②,肝胆相照,自私的交换快乐变成了宽宏大度地相互爱慕。人性溶化到情欲的对象之中,情欲本身扩大提高为爱情;感官得到的卑下的好

---

① 参见荷马的《伊利亚特》第3篇。
② 在此之前形体与整个感性世界紧紧相结合在一起,感性世界通过欲求使人处于奴役状态。这时形体与感性世界分离,因而眼睛就能看到它。

处①受到蔑视,要争取更为高尚的战胜意志的胜利。取悦于人的需要,使强者也服从于趣味的温柔的裁判,他可以掠夺快乐,但爱必须是赠品。要得到这一更高的奖赏,他只能通过形式,不能通过物质。他必须停止作为力去触动情感,必须停止作为现象面对知性;他必须听任自由,因为他想取悦于自由。美解决了两性的永恒对立,这是美解决两种天性冲突的最简单、最纯正的实例;既然如此,美同样也能解决错综复杂的社会整体中的冲突——至少说它的目标是力求解决这类冲突,它按照它在男性的力与女性的柔之间建立起来的自由结合的模式,来调和道德世界中的一切柔和与强烈的事物。这时弱成了神圣的,而不可遏制的强反而成为耻辱,自然的不公正通过骑士风尚的宽宏大度得到改正。任何暴力都吓不倒的人,却被羞怯的迷人红晕解除了武装;任何鲜血都不能扑灭的复仇之火,却被泪水窒息了。甚至仇恨也要倾听荣誉的柔和的声音,征服者的剑也要宽恕已经解除武装的敌人;在恐怖的海边,好客的炉灶为陌生人冒起炊烟,要是从前,在这里接待他的只有杀戮。

在力的可怕王国与法则的神圣王国之间,审美的创造冲动不知不觉地建立起第三个王国,即游戏和假象的快乐王国。在这个王国里,审美的创造冲动给人卸去了一切关系的枷锁,使人摆脱了

---

① 即通过凶残的暴力或卑劣的引诱而得到的好处。

一切称为强制的东西,不论这些强制是物质的,还是道德的。

如果说,在权力的动力国家中,人与人以力相遇,人的活动受到限制,而在义务的伦理国家中,人与人以法则的威严相对立,人的意愿受到束缚,那么在美的交往范围之内,即在审美国家中,人与人只能作为形象彼此相见,人与人只能作为自由游戏的对象相互对立。通过自由给予自由是这个国家的基本法则。

动力国家只能使社会成为可能,因为它是以自然来抑制自然;伦理国家只能使社会成为(道德的)必然,因为它使个别意志服务于普遍意志;惟有审美国家能使社会成为现实,因为它是通过个体的天性来实现整体的意志。尽管需求迫使人置身于社会,理性在人的心中培植起合群的原则,但只有美才能赋予人合群的性格,只有审美趣味才能把和谐带入社会,因为它在个体身上建立起和谐。一切其他形式的意向都会分裂人,因为它们不是完全建立在人本质中的感性部分之上,就是完全建立在人本质中的精神部分之上,惟独美的意象使人成为整体,因为两种天性为此必须和谐一致。一切其他形式的沟通都会分裂社会,因为它们不是完全与个别成员的私人感受发生关系,就是完全同个别成员的私人本领发生关系,因而也就是同人与人之间的区别点发生关系,惟独美的沟通能够使社会统一,因为它是同所有成员的共同点发生关系的。感性的快乐,我们只能作为个体来享受,而存在于我们心中的族类对此是没有份的,因而我们不可能把我们的感性快乐扩大成为普遍的快乐,因为我们不可能使我们的个体具有普遍性。认识的快乐,我们只能作为族类来享受,我们得精心地把个体的痕迹从判断中排除出去;因此,我们不可能使我们的理性快乐具有普遍性,因为我们不可能把个体的痕迹从别人的判断中排除出去,就像从我们自己的判断中把它排除出去一样。惟有美,我们是同时作为个体与族类来享受的,就是说,作为族类的代表来享受的。感性的善只能使一个人幸福,因为它是以据为己有为基础的,而据为己有总会带来排他的结果;而且感性的善也只能使这个人得到片面的幸福,因为人格性并没有参加进来。绝对的善只有在不能假定为普遍的条件下才能使人幸福,因为真理只是否认的代价,只有纯洁的心才相信纯洁的意志。惟有美才会使全世界幸福,因为谁要是受了美的魔力,谁就会忘记自己的局限。

若是趣味在管辖,美的假象王国在扩展,在这种情况下,就不能容忍任何优先权,任何独霸权。这个王国向上伸展,一直到理性以绝对的必然进行统治,一切物质都不复存在;它向下伸展,一直到自然冲动以盲目的强制进行支配,形式尚未开始;即使在这些终极的边界上,趣味也不容许夺去它的执行的权力,尽管它的立法的权力已被剥夺。与社会格格不入的欲望必须放弃它的自私,令人惬意的事物平常只吸引感官,现在也得把优美的罗网撒在精神之上。必然性的严厉声音——义务——必须改变它的那一套只有遇到抵抗时才有其合理性的用于谴责的公式,必须通过更高尚的信任对顺从的天性表示尊敬。趣味把认识从科学的玄妙中带到常识的光天化日之下,把各个学派的私有财产转变成整个人类社会的共同财产。在趣味的领域内,即使是最伟大的天才也必须放弃他那至高无上的威严,亲切地俯就儿童的童心。力不得不让优美女神束绑,傲慢的雄狮也只好听从爱神的驾御。赤裸裸的物质需要有损于自由精神的尊严,趣味给它罩上一层它自己的柔和的面纱,使我们在可爱的自由幻影中看不到它同物质的可耻的亲缘关系。即使是摇尾乞怜的雇役,若添上趣味的翅膀,也能脱离尘垢;只要趣味的魔杖一碰,奴隶的枷锁,不论是无生命的,还是有生命的,统统都会落下。在审美王国中,一切东西,甚至供使用的工具,都是自由的公民,他同最高贵者具有平等的权利;知性本来总是强行使驯从的未成形的物体屈从于它的目的,但在这里也得征询未成形物体的意见。因此,在这里,即在审美的假象王国里,平等的理想得到实现,而这种理想,就是狂热者也很愿意看到它名副其实地得以实现。据说,美的风尚在王座的附近成熟得最早、最完美,如果确实是这样,那就必须认识到这是仁慈的安排:它所以常常看来把人限制在现实之中,只是为了把他赶入理想世界中去。

但是,真的存在着这样一个美的假象国家吗?在哪里可以找到它?按照需要,它存在于任何一个心绪高尚的灵魂之中;而按照实际,就像纯粹的教会或共和国一样,人们大概只能在个别少数卓越出众的人当中找到;在那里,指导行为的,不是对外来习俗的愚蠢的摹仿,而是自己的美的天性;在那里,人以勇敢的天真质朴和宁静的纯洁无邪来对付极其错综复杂的关系,他既不必为了维护自己的自由就得伤害别人的自由,也不必为了显示优美就得抛弃自己的尊严。

附　录

论　崇　高*

人的最高目标是自由①

犹太人纳旦对伊斯兰教托钵僧说:"没有人必须接受必须。"② 这句话的道理比人们或许会赋予它的道理要广泛得多。意志是人这个类属的属性,理性本身只是这种类属属性的永恒的规则。整个自然的行动都是符合理性的,人的特权仅仅在于他是有意识和有意志地根据理性行动的。一切别的事物都得接受必须,人是有

---

* 本文最早见于 1801 出版的由席勒亲自编订的《短小的散文集》,写作年代估计是在 1793 年到 1794 年撰写完致丹麦奥古斯腾堡公爵的《关于对人进行审美教育书简》之后,即 18 世纪 90 年代的前半期。在《审美教育书简》中,席勒把美分为"熔解性的"和"振奋性的"两种,但只谈到前者,而没有谈到后者。本文专门讨论"崇高",即"振奋性的"美,因而可以看作是对《审美教育书简》的补充。

① 文中所有的小标题均为译者所加。
② 这句话出自莱辛的诗剧《智者纳旦》,第 1 幕,第 3 场。

意愿的生命体。

正因为此,再也没有比接受强制暴力与人的身份更不相称的了,因为它废弃了人。谁把强制暴力加于我们,谁就等于是在夺去我们的人性;谁要是出于懦弱而接受强制暴力,他就是在抛弃他的人性。但是,这种要绝对地摆脱一切强制暴力的要求,看来得以这样一种生命体为前提,它有足够的势力可以把任何其他的势力从自身中排除出去。如果人这个生命体在由各种力组成的王国中并不占有至高无上的地位,那就会由此产生冲动与能力之间的不幸矛盾。

人正好是处于这种状况。他被无数胜于他并控制他的力所包围,而他由于他的天性所致又要求不接受任何强制暴力。虽然,他可以通过他的知性人为地提高他自己的自然力,在一定的范围之内他也确实可以做到,用物质的方式支配一切物质的东西;但是,正如俗语所说,一切皆可对付,惟独对死无能为力。如果这一惟一的例外在最严格的意义上是真的话,那它将把人的全部概念予以废弃①。因为,那怕是只在一个情况之中,人不得不接受他不愿接受的必须,他也不能算是一个有意愿的生命体。这惟一的不是人愿意接受而是必须接受的恐怖,像幽灵一样伴随着人,而且就像在

---

① "死亡"也是一种"强制暴力",人不能不死,也就等于说,人不得不接受强制暴力。既然这样,人要求自由的意志也就被彻底废弃。

绝大多数人身上实际看到的那样,它使人成为幻想中的种种盲目恐怖的牺牲品。人那怕是只在惟一的一点上受到约束,他那引以为荣的自由也是绝对的虚无。修养会使人获得自由,它将帮助人实现他的全部概念。因而也就是说,修养将使人有能力维护他的意志,因为人是有意愿的生命体。

获得自由的两种方式

有两种方式可以做到这一点。或者是现实主义的①,用强制暴力对抗强制暴力,人作为自然控制自然;或者是理想主义的②,人脱离自然,就他而言消灭强制暴力这个概念。帮助人实现前者的,叫作物质修养。人培育自己的知性和感性力,以便或者按照自然力自身的规律使自然力成为他的意志的工具,或者在那些他无法驾驭的自然力的后果面前保全自己。但是,自然的各种力只到一定的范围可以加以控制或者防备,超过了这个范围,它们就脱离了人的势力,并使人屈从于它们的势力。

因此,如果除了物质修养人再也不能有别的修养,他就仍然没有实现他的自由。可是,人毫无例外地应当是人,他在任何情况下

---

① 意指物质的。
② 亦可译成"唯心主义的",意指纯精神的。

都不应违背他的意志去接受任何东西。这样,假使他没有比例相当的力去对抗各种物质的力,他要想不接受任何强制暴力,那就再也没有别的办法,除非完全彻底地废弃对他如此不利的比例关系,按照概念消灭他事实上必须接受的强制暴力。而"按照概念消灭强制暴力"又不是别的,正是自愿地屈从于它。使人能有这样能力的修养,就叫作道德修养。

有道德修养的人,而且只有这种人,是完全自由的。他或者胜过作为势力的自然,或者与此协调一致。自然向他施加的一切,都不再是强制暴力,因为在这尚未触及他之前,就已经变成他自己的行动;甚至动力自然也及不到他,因为他自动地同动力自然所能达到的一切都脱离了关系①。这种品性,是道德在听从必然的概念之下和宗教在顺从上帝裁决的概念之下教给我们的。但是,如果这种品性是自由选择和深思熟虑的产物,那就需要有人在行动生活中②一般并不具有的高度的思维清晰和强大的意志潜能。不过,幸运的是,不仅在人的理性天性中,有一种通过知性可以提高的道德天禀,而且就是在他的感性理性兼而有之的天性中——也

---

① 即同一切感性脱离了关系。
② 即感性生活。

就是说,在人的天性中——也存在着一种通往道德天禀的审美倾向①。这种倾向是由某些感性的对象引起的,通过情感的净化可以修炼成为理想主义的心绪飞腾②。这种天禀按其概念和本质是理想主义的,但即使现实主义者也在他们的生活中十分明显地表现出这种天禀,虽然在他们的体系中他们不肯承认有这样的天禀③。我现在要探讨的,就是这种天禀。

美 与 崇 高

当然,发达的美感已经足以使我们在一定程度上不依赖于作为势力的自然。一种心绪如高尚化到如此程度,触动它的不再是事物的材料,而是事物的形式,它仅仅从表现方式的反思中汲取自由的快感,而全然不管是否占有它④,那这样的一种心绪本身就带

---

① 席勒认为,人的天性包括感性天性和理性天性两种,但由于它们彼此对立,常常是一方占优势,另一方占劣势。如果这两者能同时活动,而且力量均衡,它们就可彼此共存,充分显现出人的天性。这种状态叫作审美状态,人处于这种状态,就既可再回到感性状态,也可上升到理性状态。
② 席勒认为,从感性状态不可能直接过渡到理性状态,必须经过审美状态。但因在审美状态中也仍然保存了感性,因而也不可能直接过渡到理性状态,而必须通过精神的飞跃。
③ 其实,可以称作"理想主义"的,不是别的,正好就是完全的现实主义者不自觉地实际所做,只是由于自相矛盾才予以否认的那些。——原作者注
④ 席勒把快感分为两种,一是物质的,一是自由的。前者是由于在物质上得到满足而引起的,因而它直接依赖于物质存在。后者是由于对美的假象的反思或者观赏而引起的,它与物质存在没有直接关系,也不受物质必然的直接支配。

有永不丧失的生活的内在丰富性,而且因为它没有必要把它赖以生活的对象据为己有,因而也就没有失去这些对象的危险。但是,假象最终还必须有一个它藉以显示自己的物体,因而只要还存在着哪怕只是对美的假象的需要,也就依然保留了对对象实际存在的需要,我们的满足也就依然依赖于主宰一切实际存在的作为势力的自然。因此,究竟是我们感到有一种对美与善的对象的要求,还是我们仅仅要求,现存的对象是美的和善的,这完全是两回事。后者可以与心绪的最高自由共存,前者则不行;现存的是美的和善的,我们可以要求;美的和善的是现存的,我们只可以希望①。一种心绪如若对美的、善的和完善的是否存在漠不关心,而又无情地严格要求,实存是美的、善的和完善的,那就可以称它为宏大和崇高,因为它包含了美的性格的所有的实在性,而又没有它的局限性②。

美的和善的、但又总是软弱的灵魂有一个特征,就是它总是迫

---

① 客观条件不受人的意志支配,而受各种偶然因素的影响,因而对意志来说没有自由。"实存的是美的、善的和完善的",是就人的主观要求而言,这种要求来自人的意志,意志是完全自主的,因而有最高的自由。"美的和善的是现存的",是指客观的实际而言,它是否存在,不取决人的意志,而取决于客观条件。

② 宏大和崇高从两方面表现出来:一方面,这种心绪对"美的、善的和完善的是否存在漠不关心",也就是说,不管现实是多么丑恶,它都绝不会为之哀叹,这种态度正好表明它不依赖客观存在,它是独立的,自主的;另一方面,它最严格要求它所做的和由它而来的一切必须是"美的、善的和完善的",因而它有实在性。相反,美的性格只是自由地观赏美的假象,而假象最终还要依托于实际存在的物体,因而,美的性格有实在性,但它的自由和自主有一定的界限,它还有局限性。

不及待地强求它的道德理想成为实存,一旦道德理想受到阻碍就会引起它的痛苦。这样的人使自己可悲地依附于偶然,因而可以肯定地说,他们给物质在道德和审美事物中的地盘太大①,他们经不起最高的性格与趣味的考验。道德方面的失误不应引起我们悲痛,因为它只证明需要没有得到满足,而不是证明要求没有实现。要求必然会使人精神抖擞,它必然会增强心绪,加强它的力量,而不会使它感到胆怯和不幸②。

自然给我们两个天才③,在生活中处处陪随我们。一个合群而又迷人,通过快活的游戏为我们缩短艰辛的历程,为我们放松必然的束缚;在快乐和戏谑之中,它把我们一直带到危险的地段,在那里我们必须作为纯精神而行动,必须脱去一切躯体的东西,也就是说,它一直把我们带到认识真理和履行义务的开始④。到这里,它就离开了我们,因为只有感性世界才是它的领域,超过了这个领域,它那尘世的翅膀就带不动我们了。不过,这时又出现另一个天才,它严肃而又寡言,它用强大的肩膀带我们越过令人头晕目眩的

---

① 在道德和审美判断中,太受现实的影响。
② 按照席勒的意思,崇高不是一种"需要"而是一种"要求"。"需要"必须满足,否则就会引起痛苦。"要求"即使没有实现,也可继续要求,因而它不仅不会使人感到沮丧、不幸,反而会使人精神抖擞,奋发向上。
③ 即非凡的创造力。
④ 席勒认为,人分别处于感性状态、审美状态、理性状态三个不同的阶段。在审美状态中,感性与理性并存,它的下限是理性或精神的极限,它的上限是感性或物质的极限。美的活动范围就是审美状态的范围,所以,美向上只能把我们带到物质世界的尽头,精神世界的开始。

深渊①。

我们把第一种天才看作美感,把第二种天才看作崇高感。美当然已是自由的一种表现,但还不是使我们超脱自然的势力和解脱一切物质影响的自由,而是我们作为人在自然范围之内所享有的自由。在美的事物那里,我们感到自由,是因为感性冲动与理性冲动相和谐;在崇高的事物那里,我们感到自由,是因为感性冲动对理性的立法毫无影响,是因为精神在这里行动,仿佛除了它自身的规律以外不受任何其他规律的支配。

崇高的内涵

崇高感是一种混杂的情感,是由痛苦与快活混合而成的。这里所说的痛苦达到它的最高限度就表现为战栗,这里所说的快活可以提高到兴高采烈的地步,它虽然不能算是喜好,但纯真的灵魂宁肯要它也不要所有的喜好。两种相互矛盾的感觉在一种情感中结合,这就无可辩驳地证明了我们的道德自主性。因为,既然同一对象对我们的关系绝不可能截然相反,那么,由此就可得出结论,是我们自身对同一对象有两种不同的关系,因而必然是两种截然

---

① 从物质世界到精神世界不能直接过渡,它们之间横着一条不可逾越的鸿沟,只有靠精神的飞腾才能越过它。正如美可以把人带到物质世界的尽头一样,崇高使人从物质世界飞越到精神世界。

相反的天性在我们身上相统一,它们以完全相反的方式对对象的表象表示的兴趣。因此,通过崇高感,我们就得知,我们的精神的状态并不是必然地根据感性的状态而转移,自然的规律并不是必然地就是我们的规律,我们自身之中有一项自主的原则,它不依赖于一切感性的触动而独立存在。

崇高的对象有二重性。或者我们使它同我们的接受力①发生关系,我们想要形成关于它的图像或概念的企图遭到失败,或者我们使它同我们的生命力发生关系,把它看作一种势力,面对这种势力我们自己的势力化为乌有②。虽然不管在前一种情况还是后一种情况,我们都由于崇高对象的原因而难堪地感到我们的局限,但我们并不逃避它,相反,它以不可阻挡之势吸引着我们。假使我们幻想的界限同时也就是我们接受力的界限,怎么会出现这种情况?假使除了自然力可以夺走的以外就再也没有别的支撑我们,我们怎么会甘心情愿地要与自然力的无上权力相比拟?我们所以由于感性的无限而感到快乐,是因为我们能够思考感官无法接受和知

---

① 席勒所指的"接受力"(Fassungskraft)包括两个方面,一是我们能建立有关对象的图像(Bild)的能力,即想象力,一是我们能形成有关对象的概念的能力,即知性。面对崇高的对象,无论是想象力,还是知性,都失去了作用。
② 席勒认为,一种对象如是崇高的,它就必然与我们的感性功能相对立。一般来说,事物同我们的感性的关系可能有两种,或者我们把事物看作获取知识的对象,或者我们把事物看作势力,拿它同我们自己的势力相比较。根据这种划分,崇高有两类,一是认识的崇高(das Erhabene der Erkenntnis),一是力的崇高(das Erhabene der Kraft)。在这两种情况下,都现出感性人的局限,因为他的想象力无法把握它,他的知性无法领悟它,因为他的力敌不过它。

性无法领悟的事物。可怕的事物所以鼓舞我们,是因为我们能够喜欢冲动所憎恶的事物,我们能够抛弃冲动所渴求的事物①。我们所以愿意让想象力在现象的王国大显神威,因为归根到底要战胜一种感性力只能靠另一种感性力,因为具有全部无限性的自然是不可能触及到我们身内的绝对伟大的。我们所以愿意让我们的安康和生存屈从于物质的必然,是因为这正好使我们想到,物质的必然并没有主宰我们的原则。人在物质必然的手中,而人的意志却在人的手中。

崇高的作用

所以,甚至自然也运用感性手段教训我们不能仅仅是感性的;所以,甚至自然也懂得利用感觉来引导我们跟踪发现,我们并不只是奴隶般地屈从于感觉的强制暴力。这种作用与美——也就是说,现实的美②,因为理想美必然也包括崇高在内——所能起到的作用完全不同。美是理性与感性的协调一致,而且正是这种协调一致是它对我们的魅力之所在。因此,仅仅通过美,我们永远也不

---

① 根据感性同自然的两种不同的关系,席勒认为,自然也有两重性,即它的感性无限性以及它的可怕性和破坏性。前者表明人在感性阶段认识的局限,后者表明人在感性阶段力的局限。
② 以下讲到的"美""美的性格"等,都是指"现实的美",即与"崇高"相对立的狭义美。

会得知,我们还有可以证明我们是纯灵智的天赋和能力。与此相反,崇高是感性与理性的不一致,而它所以能抓住我们心绪的那种魔力正好在这两者的这种矛盾之中。物质的人与道德的人,在这里最鲜明地以此分离,因为,正好是使前者感到自己的局限的那些对象,使后者体验到他自己的力量,恰恰把前者压倒在地的那些,使后者得以无穷地提高。

假定说,有个人具有构成美的性格所应有的一切美德,他在实施正义、善行、节制、坚定和忠诚中就会找到他的快乐,环境迫使他遵守的一切义务对他来说就都成为轻快的游戏,幸福就会使他觉得任何总是由他仁慈的心所要求的行动都不难做到①。自然的冲动与理性的规则达到这样美的和谐统一,谁不为之高兴,谁能不去爱这样的人?尽管我们非常喜欢这样的人,但是,我们能够确信,他真的就是一个有德行的人,真的有什么美德?因为,假使这个人关心的仅仅是感觉的惬意,如果他不是傻子,那他也绝不可能有别的行动;假使他想作恶,他也必然要憎恨他自己的长处。当然,他行动的源泉可能是纯洁的,但这一点他必须同他自己的心商定,而我们一点也看不到。我们看到的,仅仅是一个把快感当作他的上帝的聪明人必然会做的,除此之外,我们就再也看不到别的。所以,感性世界说明的是他的德行的全部现象,我们完全没有必要在

---

① 这些都是感性与理性相一致的具体事例。

这些现象的彼岸去追根求源。

但是,假定说,就是这个人突然陷入不幸:他的财产被盗,他的名誉扫地;疾病迫使他痛苦地卧床不起,死亡夺走了他喜好的一切,所有的知己好友在危急中离开了他。假使在这种情况下,我们再去找他,要求这位不幸者实施他在幸福时曾准备实施的美德。如果我们发现,他在这种情况下仍与原来完全一样,穷困没有减弱他的德行,忘恩负义没有减弱他为他人服务的决心,痛苦没有减弱他的镇定,自己的不幸没有减弱他对别人幸福的关心;如果我们发觉,他处境的改变只改变了他的外形,而没有改变他的行动,只改变了物质,而没有改变他行动的形式①——如果是这样的话,从自然概念(按照这一概念,作为"果"的现在绝对地必须以作为"因"的过去为根据)出发当然就不足以解释这种情况,因为再也不可能有比这更矛盾的了:"因"已经转为它反面,而"果"则原封不动。因此,任何从自然出发的解释都必须舍弃,必须完全放弃从状态来推断行为,必须把行为的根源由物质世界秩序转移到完全另外的世界秩序中去②,这个世界秩序理性虽以它的观念通过思想的飞腾可以达到,但知性以它的概念是无法把握的③。这种绝对的道

---

① 即只改变了行动的实际表现,而没有改变行动的原则。
② 即与物质世界秩序相对立的道德世界秩序。
③ 因为知性依赖于经验,因而无法把握超经验的纯理性精神。

德功能不依附于任何自然条件,发现了它,我们在看到这些人①所产生的那种悲伤情感就有了一种完全特有的、可以意会而不能言传的魅力,任何感官的喜好——不管它净化到什么程度——都不可能与崇高的这种魅力相匹敌。

所以,崇高为我们找到了走出感性世界的出口,而美则想把我们永远禁锢在这个世界之中。已经经过净化的感性②把自主的精神诱入罗网,重重围住,而这种罗网编织得越清澈透明,它就联结得越牢固。崇高并不是逐渐地(因为从依附不能过渡到自由),而是突然地通过震动而使自主精神摆脱这种罗网的。如果说,已经经过净化的感性通过柔和的趣味所产生的潜移默化的影响也能在一定范围内战胜人,就是说,它通过精神美的外壳的诱惑也可以成功地侵入最内在的道德立法的场所,在道德立法的发祥地毒害准则的神圣性,那么,常常只要有一次崇高的触动,就足以撕碎这精心编造的欺骗,使被束缚的精神一下子又重新获得它的全部活力,又向它显示出它真正的规定,迫使它——至少在瞬间——感到自己的尊重。以女神卡里普索为化身的美使尤利西斯勇敢的儿子着迷,她用她迷人的力量长期把他囚困在她的岛上。长期以来,他所崇拜的是一种不朽的神性,因为他只想到享受快乐。但是,在智慧

---

① 即前面所说的陷入不幸的人。
② 即美。

之神化身的指引下,一种崇高的印象突然感动了他,他想起了他还有更美好的天赋,于是投入海浪,获得自由①。

感受崇高的能力

像美一样,崇高也白白地倾泻到整个自然之中;感受这两者的能力放在所有人的身上,但这种感受能力的萌芽发展是不平衡的,必须通过艺术加以补救。天性的目的就带来这样的结果:当我们还在逃避崇高的时候,我们就首先急忙朝着美走去。美是我们童年期的守护者,它甚至把我们从原始的自然状态引向文明。虽然美是我们的第一个情人,感受美的能力首先得到发展,但天性又规定它的成熟要缓慢得多,它的充分发展要等到知性的心灵培育成熟。假使真理和道德尚未通过一条比趣味更好的道路②在人的心中植根之前,趣味就已经完全成熟,感性世界将永远是我们一切努力的界限。那样的话,我们既不能在我们的概念中,也不能在我们的意向中超越感性世界,凡是想象力无法表现的,对我们也就不具有任何实在性。但是,幸运的是,天性是这样安排的,趣味虽首先开花,但终归要在心绪的一切能力俱在的条件下才能结果。因此,在这间歇就有足够的期限,在头脑中培植

---

① 这个故事出于法国作家费纳隆(Francois de la Mothe Feinelon,1651—1715)写的小说《忒勒马科斯历险记》,但席勒的转述并不准确。
② 即通过理性的道路。

丰富的概念,在胸中培植原则的宝藏,然后再专门发展来自理性的感受到宏伟和崇高的能力。

量的崇高

人只要还仅仅是物质必然的奴隶,他从需要的狭窄圈子里还没有找到出路,他还没有预感他胸中的精灵般的高尚自由①,那不可捉摸的自然②就只能使他想起他的表象力的局限,那破坏性的自然就只能使他想起他在物质方面的无力。因此,他不得不沮丧地放过不可捉摸的自然,惊恐地躲开破坏性的自然。但是,对自然力盲目冲突的自由观赏③为他争得一席之地,一旦在这势如潮涌的现象之中他发现他自己的本质中有某种固定不变的东西,他周围的粗野凶狠的自然物质就开始用完全另外一种言语对他讲话,他身外的相对宏伟就成了一面镜子,他从中看到他自己身内的绝

---

① 即精神的自由。
② 自然是无限的,而作为感性功能的想象力是有限的,因而自然对只具有感性功能的物质人来说是不可捉摸的;自然的力十分强大,相比之下人的感性力十分微小,因而物质人在同自然接触中就只感到自己的无力和自然的可怕与破坏。
③ 是具有审美能力的人同自然的关系,它与只有感性功能的人同自然的关系不同,不是直接接触,而在一定距离以外自由观赏,前者无自由可言,后者有一定的自由。

对宏伟①。这时他无所畏惧,以难以想象的喜好亲近由他的想象力所产生的这些吓人的图像,并有意地使出这种功能的全部力量去表现感性的无限,以便即使这一尝试失败也能更生动地感受到他的观念胜过了感性所能达到的最高点。看到无边无际的远方和高不可测的天空,看到他脚下的茫茫大海和他头上更加宏伟的海洋,他的精神就会挣脱现实的狭窄范围和令人窒息的物质生活的禁锢。自然的那种质朴的威严,让他看到了更大的计量标准②;他被自然的那些宏伟的形体所包围,在他的思维方式中再也不能容忍渺小。谁都知道,一些光辉的思想和英勇的决策,正是由于心绪在思索时与自然精神进行了这种英勇的斗争而产生的,在书斋和社交场合这种思想和决策是不会问世的。谁都知道,城市人的性格容易趋向心地狭窄,很容易畸形发展,枯萎衰竭,这部分地就是由于同这宏伟的守护神交往稀少而造成的,相反,游牧民族人的思想就始终像他们栖身其下的苍天一样开阔,自由。

---

① 这段话的大意是:人一旦进行审美状态,对自然进行自由的欣赏,自然对人的作用就同人原先在感性状态对自然的感受大不相同。自然的无穷变化使人想起他心中的固定不变的东西,即人格性,自然的宏伟使他看到他自己的宏伟。自然现象的量度大小不等,它的宏伟永远是相对的,人的人格性固定不变,人的宏伟是绝对的。

② 席勒认为,想象力只能区别事物量的大小,大小又以一定的单位为标准,单位愈大,以它为标准的大小也就愈大。

自然中以及道德世界中的混乱

不仅仅是想象力不能企及的,即量的崇高①,就是知性不能捉摸的,即混乱②,也能用以表现超感性和使心绪腾越,只要这种混乱成为宏伟,表明自己是自然的产物(因为,否则的话,它就是可鄙的)。谁不是这样,宁肯欣赏一个乱杂无章但意味无穷的自然的景色,也不愿欣赏一座整齐划一但毫无生气的法国式林园③?谁不这样,宁肯赞叹西西里岛上的洪水带来的肥沃与破坏之间的奇异斗争,宁肯在苏格兰的瀑布和云雾缭绕的山峰——即莪相式④的宏伟自然——的面前饱享眼福,也不愿赞赏在笔直的荷兰耐心战胜最顽强的自然威力而取得的辛酸的胜利?谁会否认,在巴他维草原⑤,物质的人得到的照应要比在危险的维苏威⑥火山

---

① 想象力无法企及自然的量的无限,与此相对应就有量的崇高,以上的事件都属于量的崇高。
② 席勒认为,知性主要是在客观事物之间建立联系和进行分类,但是并不是所有的事物之间都有联系,也不是所有事物都能归类。从这个意义上看,无限的自然是知性不能捉摸的,对它来说这只是一种"混乱"。
③ 从17世纪开始,法国建造的园林以法国凡尔赛宫为模式,注意几何式的整齐划一。到18世纪中叶,这种法国式的园林就被注意自然景色的英国式园林所代替。
④ 苏格兰诗人麦克菲逊(James Macpherson,1736—1796)收集民歌,仿作《莪相集》,假托是古代歌者莪相(Ossian)的作品。
⑤ 即尼德兰。
⑥ 意大利的火山。

口好得多？谁会否认，一个正规的种植园，远比一个原始的自然景物，更能满足知性要理解和归类的要求？但是，人除了活命和安康以外还有一种需要，除了理解他周围的现象以外还有另外的天职。

正是使物质造物中的粗野古怪对一个有感觉的旅行者产生了如此吸引力的那个东西，为能振奋起来的心绪——即使处在道德世界令人担忧的无政府状态——打开了能产生一种完全独特快感的泉源。当然，谁要是用知性的那个微弱的火把去照耀自然的宏伟营运，并且总是蓄意要把自然的那种胆大妄为的杂乱溶化成和谐，那他就不会在这样一个世界中感到惬意，因为看来这个世界并不是以英明的计划，而是以狂乱的偶然进行治理，而且在绝大多数情况下，劳绩与幸福在这个世界总是彼此矛盾。按照这种人的愿望，就像一家管理很好的小酒店一样，宏伟的宇宙运行应一切井井有条。假使他觉得没有这样一种规则性——实际上也不可能有这样的规则性——那他就再也没有别的法子，只好期待有一种未来的存在和另一种自然能给他现在和过去的存在不肯给予他的满足。相反，如果他甘心情愿地不再打算把现象的这种毫无规则的混沌置于认识的一体性之下，那么，他在这方面的所失，就会从另一方面如数获得。在现象云集的情况下，是完全没有任何目的联系的，因此对必须坚持目的联系的知性来说，这些现象是高不可攀的，无法使用的；但也正因完全没有任何目的联系，对纯理性来说，这些现象才成为它的更加准确的意象，因为它发现它自己的不依赖自然条件的独立性正好由自然的这种粗野的放纵表现出来。因为,假使我们把许许多多事物在我们的名下统统联系在一起,那我们就得到了独立这个概念,而这个概念与纯理性的自由概念惊人地相一致。理性是用自己的手段取得自由的,因此凡是知性不能联系进认识一体性之中的,理性就在这种自由观念的名义下概括到思想一体性之中;理性通过这个观念使现象的无穷游戏屈从于它,因而同时也保住了它对知性作为受感性限制的功能的支配权。如果想到,对于理性生命体来说,能意识到自己不依赖自然条件的独立性有多大价值,那就可以理解,为什么会有这样的情况,只要向具有崇高心绪的人呈现出这种自由的观念,他就会认为他在认识方面的一切失误都得到补偿。对于具有高尚心绪的人来说,带有一切精神矛盾和物质弊端的自由比没有自由而有富裕和秩序的局面不知要有趣多少。在后一种情况下,羊耐心地跟着牧人走,自我控制的意志降低成为一只钟表上的从属性的零件。这种情况使人仅仅成为自然的一件有思想的产物和它的较为幸福的公民①;而自由则使人成为一个更高制度中的公民和统治者,因此,即使在这制度中所占的地位最低也比在物质秩序中当个引头人更光荣。

  从这样的观点看,而且只有从这样的观点看,世界的历史在我看来才是一个崇高的对象。作为历史对象的世界,从根本上说,只

---

  ① 比自然的其他公民较为幸福,因为他有思想。

不过就是自然力彼此之间和自然力同人的自由之间的冲突,历史向我们报告的就是这一斗争的成果。就历史到今天为止所达到的程度而言,它讲到的自然(人身上的一切内心冲动也必须算作自然)的事绩远比独立理性的事绩要宏伟得多,独立理性只是由于有脱离自然规律的个别例外才在卡托①、亚里斯提德②、弗其安③以及其他类似的人身上保住了自己的势力。谁要是怀着对光明与认识的巨大期望去亲近历史,他就会发现自己大受其骗!哲学曾试图使道德世界所要求的同现实世界所做到的相一致,但所有这些真心实意的尝试都被经验的实际陈述所驳倒;尽管自然在其有机王国中非常乐于按照或者看来是按照调节性的判断原则行事,但在自由王国中它又非常放纵地挣脱思考精神喜欢给它套上的缰绳。

假使舍弃了解释自然的打算,把自然的这种不可理解性本身当作判断的立脚点,那情况就完全是另外一样。从总体上看,我们通过我们的知性给自然规定的一切规则,自然都置之不理;智慧以及偶然的创造,自然在它由自己决定的自由运行时一概漠然视之;不管是重要的,还是微不足道的,不管是高尚的,还是

---

① 卡托(Marcus Portius Cato,公元前234—前149),罗马政治家,历史家,他维护旧传统,反对希腊影响,坚持主张摧残迦太基。
② 亚里斯提德(Aristides,约公元前540—前468),雅典政治家,缔结了第一次雅典海上同盟。
③ 弗其安(Phocion),雅典的一位将领,他廉洁守法,于公元前318年被判处死刑。

鄙贱的,自然都一律予以裹挟,推向毁灭;一方面,自然维护蚂蚁的世界,另一方面,它又把它最壮丽的造物——人——抓入它的由庞然大物组成的军队里,捻成齑粉;自然常常在一小时之内就轻率地把它经过千辛万苦获得的东西挥霍殆尽,但常常又几百年来一直在建造一个愚蠢的作品——总而言之,自然在总体上总是背离它在个别现象中所屈从的认识规则。正是这种情况,使人们清楚地看到,通过自然规律本身去解释自然是绝对不可能的,在它的王国之中有效的一切要被它的王国承认它们的有效性是绝对不可能的。因此,心绪不可阻挡地要从现象世界推向观念世界,从局限推向无限。

可怕的和破坏性的自然

比起感性无限的自然来,可怕的和破坏性的自然会把我们带到更远的地步,只要我们还是自然的自由观赏者①。感性的人以及理性的人身上的感性对什么都不怕,就是害怕掌管安康和生存的那种势力瓦解。

因此,我们为之斗争的最高理想,就是同保护我们幸福的物质世界保持良好关系,同时又不必因此同决定我们尊严的道德世界

---

① 只要我们尚未完全脱离感性世界,就是如此。

决裂。但是,尽人皆知,同时侍奉两个主人是永远办不到的,即使义务同需要不发生矛盾(这几乎是一种不可能有的情况),自然的必然不会同人缔约。不论是人的力,还是人的本领,都抵挡不住恶运包藏的危险,保障人的安全。所以,应向那样的人祝福,他们懂得,凡是无法改变的就忍受,凡是无法拯救的就庄严地放弃!因为,可能会出现这样的情况,命运登上了人为保障他的安全而建立的所有堡垒,他除逃向神圣的精神自由以外再也没有别的出路;也会出现这样的情况,生活冲动再也无法平息,只能希望;自然的势力再也无法抵抗,只能预先防备它,并在物质势力尚未行事之前就通过自由地放弃一切感性利益来实行道德式的"自尽"①。

崇高的触动和经常同破坏性的自然交往——不管它仅仅是从远方向人显示它那毁灭性的势力,还是真的向他的同类施展这种势力——会增强人走上述道路的力量②。"悲壮"是一种人为的不幸,它像真正的不幸一样,使我们同我们胸中主宰一切的精神规律直接交往。但是,真正的不幸所选择的人和时间并不总是恰当的,

---

① 就是通过自愿地屈从必然以解脱"肉体"的,也就是人的感性天性的需要和势力。
② 以上所述,都是人在遇到来自可怕的和破坏性的自然的不幸时不得不走的路,这些"出路"的共同点,就是人必须同他身上的精神直接打交道。

它常常是在我们没有防备①的情况下突然向我们袭来,更为糟糕的是,它常使我们失去防备②。与此相反,"悲壮"这种人为的不幸却是在我们充分武装③的情况下出现的,而且因为它是想像的,我们心绪中的自主原则就有维护它的绝对独立性的余地。精神采取这种自主性行动的次数越多,这样的行动就越是变成精神的一种熟巧,面对感性冲动它就能有更大的飞跃,因而即使想象的和人为的不幸真的变成严峻的不幸,精神也能把它当作人为的不幸来看待,把实际的痛苦化为崇高的触动——这才是人的天性的最高的飞腾!所以,我们可以说,"悲壮"是对不可避免的命运的一种免疫,因为它排除了命运的毒性,让命运进攻的矛头对准人的强的一面。

崇高对审美教育的意义

因此,让被误解的宽容和使人松弛和软弱的趣味见鬼去吧!它给必然的那副严峻的面孔罩上一层面纱,为了讨好感性就撒谎说,在安康与品行高尚之间存在着和谐,而这在现实世界中连影子

---

① 就是精神处在松弛状态,还没有振奋起来,因而也就无法维护它的自主独立性。
② 就是使精神失去振奋的可能,当然也就没有可能维护它的自主独立性。
③ 就是精神已经完全振奋起来。

也没有①。让恶性的灾祸就对着我们袭击吧。我们的幸运,不在于我们不知道重重包围着我们的那些危险——因为这种"不知道"的状态最终必然会不复存在——而是只在于我们熟悉这些危险。变化把一切统统破坏,而后又再创造、再破坏,沉沦一方面慢慢地从下侵蚀,另一方面又迅速地凌空袭击。帮助我们认识我们周围的危险的,正是这些变化与沉沦所呈现的极其壮观的景象,是人类同命运进行搏斗所呈现的悲壮的场面,也就是幸福的逃遁、安全的丧失、非正义的胜利和纯洁的失败所呈现的悲壮的场面。历史提供了大量这样的场面,悲剧艺术通过摹仿把它们展现在我们眼前。试想,不然的话,哪里会有这样的人,他们的道德天禀并没有完全泯灭,但他们能够阅读米特利达提斯②所进行的顽强的但又是徒劳的斗争以及叙拉古城③和迦太基城④覆灭的故事,而且津津乐道地谈论这样的场面,而没有带着一种战栗的心情向必然的严峻法则表示敬重,片刻也没有遏制他们的贪求,虽然对一切感

---

① "安康"属于人的物质需要,"品行高尚"属于道德要求,席勒认为,这两者在现实生活中是无法达到和谐统一的。
② 米特利达提斯(Mithridates,公元前111—前63),古代地处黑海南岸的本都国国王,于公元前88年起兵反抗罗马,初期获胜,最后被苏拉率领的罗马军队打败。
③ 叙拉古(Syrakus),西西里岛上的历史古城,公元前4世纪国势强盛,为西西里岛东部的霸主。在第二次布匿战争中,坚决抵抗罗马侵略,于公元前212年城陷。
④ 迦太基(Karthaga),古代迦太基国的首都。迦太基曾是地中海的强国,从公元前3世纪开始与罗马争霸,爆发了布匿战争,战争延续了一百多年,于公元前146年迦太基彻底失败,都城被夷为平地。

性事物这种永远的不忠感到恐惧,但又没有向胸中保持恒定的东西求援?所以说,感受崇高的能力,是人的天性中最壮丽的天禀之一,它既值得我们尊敬,因为它来源于自主的思维和意志,也值得最充分地发展,因为它能对道德的人起作用。美仅仅是为人服务,崇高是为了人身上的纯粹的精灵①服务。因为我们的规定就是这样:即使受到一切感性的限制,我们也必须以纯精神的法典为准,因而要使审美教育成为一个完整的整体,要想使人的心灵的感受能力扩大到我们规定的全部范围,也就是扩大到感性世界的范围以外,就必须除美之外再加上崇高。

没有美,我们的自然规定与理性规定之间的斗争将始终不断。由于我们要努力满足我们的精神使命,我们就会忽略我们的人性,我们就会抓住一切时机想离开感性世界,结果在这个为我们安排好的行动范围之内我们就始终是个外来人。没有崇高,美将会使我们忘记我们的尊严。不停顿地享受将会造成疲弱,而处于疲弱之中,我们将会失去性格的刚强,被紧紧地束缚在存在的这种偶然形式之上,看不到我们永恒不变的规定②和我们真正的祖国③。只有当崇高与美相结合,我们对这两者的感受能力得到同等的培养,我们才是自然的完美无缺的公民,而且并没有因此而成为它的

---

① 即自由精神。
② 即精神的自主独立性。
③ 即精神世界。

奴隶,也没有玩忽我们在精神世界中的公民权。

虽然,自然本身已经提供了大量的对象,藉此可以训练对美和崇高的感受力;但是,正如在其他情况下一样,在这里也是第二手对人的侍奉比第一手更好,人情愿接受艺术的经过配置和精选的材料,也不愿事倍功半地汲取自然的混浊泉源。摹仿的创造冲动如不急于追求生动的表现,它是不能忍受任何印象的,它把自然的任何美的或宏伟的形式都看作是要它同自然进行斗争的要求,因而它比自然有更大的长处:自然在实现与它关系更密切的目的时,有些东西即使它没有无意中加以抛弃也只能随便猎及一下,而摹仿创造冲动就可以把这些东西当作主要目的和独特的整体来对待。如果说,在其美的有机创造中,自然不是由于材料缺少个性,就是由于异质力的作用①,而不得不接受强制暴力;或者,如果说,在其宏伟而又悲壮场面中,自然施行强制暴力,它作为一种势力对人起作用——因为它只有作为自由观赏的对象才能成为审美的——那么,自然的摹仿者即创造性的艺术就完全是自由的,因为它从它的对象中剔除了一切偶然的局限,它也让观赏者的心绪自由,因为它摹仿的只是假象,而不是现实。但因为崇高和美的全部魔力只在假象之中而不在内容之中,因而艺术有自然的一切长处,而没有它的束缚。

---

① 即由于天生的身体虚弱或由于气候的有害影响而造成的人的天性的歪曲

"外国文艺理论丛书"书目

第 一 辑

书 名	作 者	译 者	
柏拉图文艺对话集	〔古希腊〕柏拉图	朱光潜	
诗学	〔古希腊〕亚理斯多德	罗念生	
古代印度文艺理论文选	〔印度〕婆罗多牟尼 等	金克木	
诗的艺术(增补本)	〔法〕布瓦洛	范希衡	
艺术哲学	〔法〕丹纳	傅雷	
福楼拜文学书简	〔法〕福楼拜	丁世中	刘 方
波德莱尔美学论文选	〔法〕波德莱尔	郭宏安	
驳圣伯夫	〔法〕普鲁斯特	沈志明	
拉奥孔(插图本)	〔德〕莱辛	朱光潜	
歌德谈话录(插图本)	〔德〕爱克曼	朱光潜	
审美教育书简	〔德〕席勒	冯 至	范大灿
悲剧的诞生	〔德〕尼采	赵登荣	
艺术与现实的审美关系	〔俄〕车尔尼雪夫斯基	周 扬	
卢那察尔斯基论文学	〔苏联〕卢那察尔斯基	蒋 路	
小说神髓	〔日〕坪内逍遥	刘振瀛